IN//VERBORGENEN

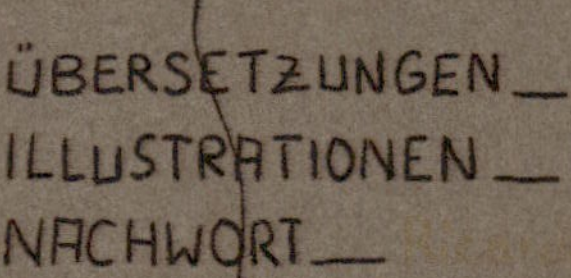

EDITION
REVERS

KONSTANTÍNOS KAVÁFIS 1863–1933

IM VERBORGENEN

IM VERBORGENEN
Konstantínos Kaváfis

EDITION REVERS #01
2. überarbeitete Auflage _ ISBN 978-3-940249-13-5

Chodowieckistraße 2 _ 10405 Berlin

www.verlagshaus-berlin.de

ÜBERSETZUNG _ *Jorgos Kartakis & Jan Kuhlbrodt*
ILLUSTRATION _ *Anja Nolte // www.anjanolte.com*
NACHWORT _ *Ricardo Domeneck*
LEKTORAT _ *Johannes CS Frank*
GESTALTUNG/SATZ _ *Dominik Ziller*

SCHRIFT _ P22 PopArt _ AG Book _ Minion Pro
BUCHDRUCK & BINDUNG _ Druckhaus Köthen _ Printed in Germany, 2015
PAPIER _ 300 g/m² Gmund Colors 06 _ 100 g/m² Munken Print White

Alle Titel, die im Verlagshaus Berlin erscheinen, werden im Literaturarchiv Marbach, im Lyrik Kabinett München und in der Deutschen Nationalbibliothek archiviert.

KONSTANTÍNOS KAVÁFIS

IM VERBORGENEN

ÜBERSETZUNG _ *Jorgos Kartakis & Jan Kuhlbrodt*
ILLUSTRATION _ *Anja Nolte*
NACHWORT _ *Ricardo Domeneck*

VERLAGSHAUS BERLIN _ *Edition ReVers #01*

UNSICHTBAR

Mein Handeln wird euch
nichts von mir offenbaren.
Meine Taten verbargen und verwandelten
mein Wesen und die Weise meines Seins.
Verwehrt war mir
zu sagen,
was ich sagen wollte.
Nur in heimlichen Handlungen
in verborgenen Schriften
bin ich als der erkennbar, der ich bin.Wahrscheinlich ist es aber
nicht der Mühe wert
mich darin zu suchen, zu finden.
Später — in einer besseren Welt — vielleicht
wenn ein anderer sich darin findet
wird was ich war verständlich sein und frei.

ΚΡΥΜΜΕΝΑ // Απ᾽ όσα έκαμα κι απ᾽ όσα είπα / να μη ζητήσουνε να βρουν ποιος ήμουν. / Εμπόδιο στέκονταν και μεταμόρφωνε / τες πράξεις και τον τρόπο της ζωής μου. / Εμπόδιο στέκονταν και σταματούσε με / πολλές φορές που πήγαινα να πω. / Οι πιο απαρατήρητές μου πράξεις / και τα γραψίματά μου τα πιο σκεπασμένα — / από εκεί μονάχα θα με νιώσουν. / Αλλά ίσως δεν αξίζει να καταβληθεί / τόση φροντίς και τόσος κόπος να με μάθουν. / Κατόπι — στην τελειοτέρα κοινωνία — / κανένας άλλος καμωμένος σαν εμένα / βέβαια θα φανεί κ᾽ ελεύθερα θα κάμει.

IM HAUS DER PSYCHE

Im Haus der Psyche toben die Passionen —
in Seide schöne Frauen, mit Saphirdiadem.
Von der Pforte bis in die Tiefen beherrschen sie
die Szenerie. Im größten Saal —
und in den Nächten, ihr Blut am Kochen —
trinken sie und tanzen mit offenen Haaren.

Blass und schlecht gekleidet
in Lumpen einer alten Zeit
treiben draußen sich die Tugenden herum
um in Bitterkeit dem Fest zu lauschen
der Hetären Trunkenheit.
Durch die Fensterscheiben lugen die Gesichter
und betrachten still und nachdenklich
die Lichter, den Diamantenschmuck und des Tanzes Ausgelassenheit.

08

ΣΤΟ ΣΠΙΤΙ ΤΗΣ ΨΥΧΗΣ // *Plus au fond, tout au fond, dans la Maison de l'Ame, / Où vont et viennent et s' asseoient autour d'un feu, / Les Passions avec leurs visages de femme. /* Rodenbach
Μέσα στο Σπίτι της Ψυχής γυρίζουνε τα Πάθη — / ωραίες γυναίκες στα μεταξωτά / ντυμένες, και με σάπφειρους εις το κεφάλι. / Από την πόρτα του σπιτιού έως μέσα εις τα βάθη / ορίζουνε τες αίθουσες όλες. Στην πιο μεγάλη — / τες νύχτες που το αίμα των ζεστάθη — / χορεύουνε και πίνουνε με τα μαλλιά λυτά. // Έξω απ' τες αίθουσες, χλωμές και κακοεντυμένες / με φορεσιές ενός παλιού καιρού, / οι Αρετές γυρίζουν και με πίκρα ακούνε / την εορτή που κάμνουνε οι εταίρες μεθυσμένες. / Στων παραθύρων τα υαλιά τα πρόσωπα κολνούνε / και βλέπουν σιωπηλές, συλλογισμένες, /τα φώτα, τα διαμαντικά, και τ' άνθη του χορού.

SUPER-EGO
CONVERTER

PSYCHO

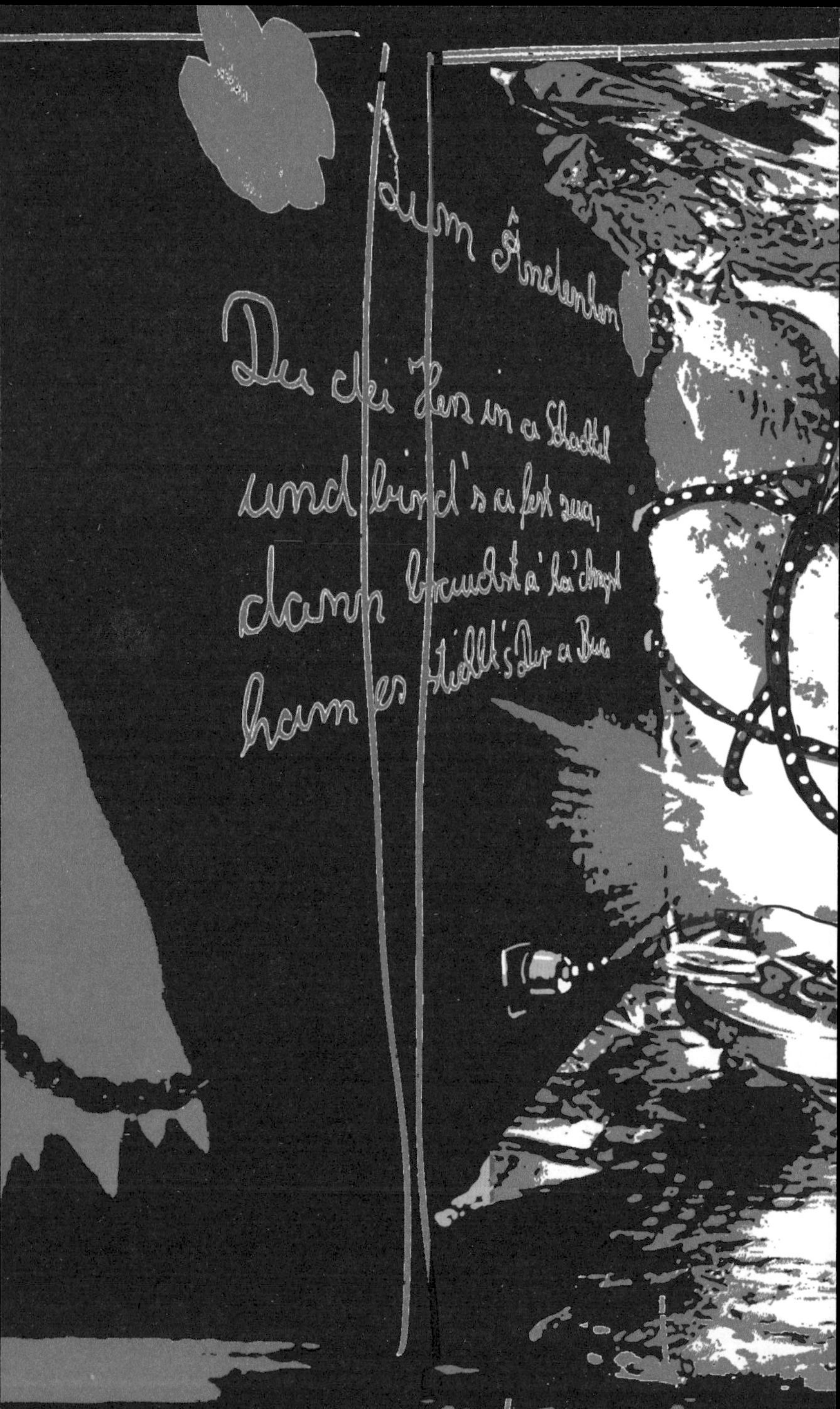

zum Andenken

Du dei Herz in a Schachtel
und bind's a fest zua,
dann brauchst a' ka' Angst
ham es stiehlt's Dir a Bua

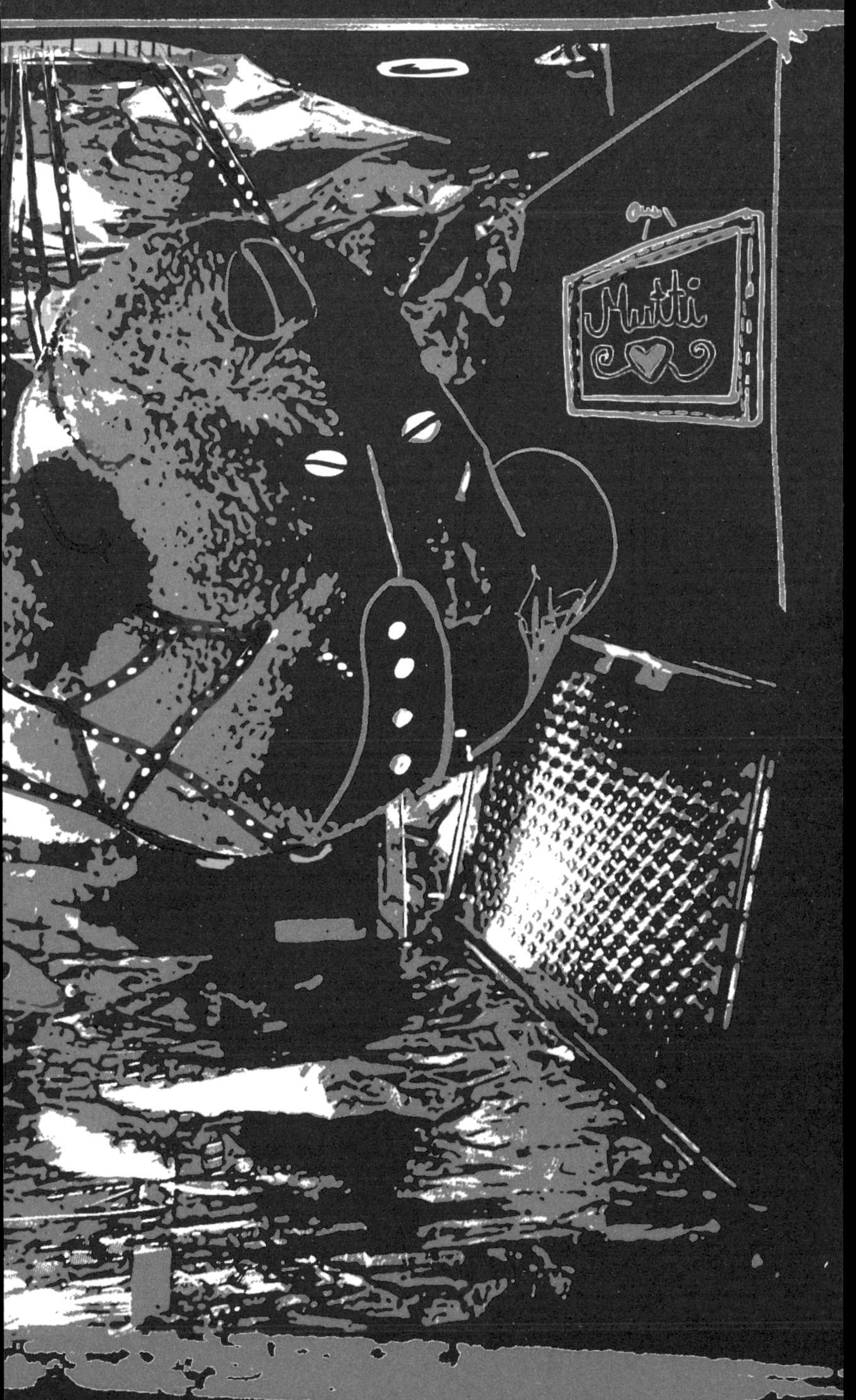
Mutti

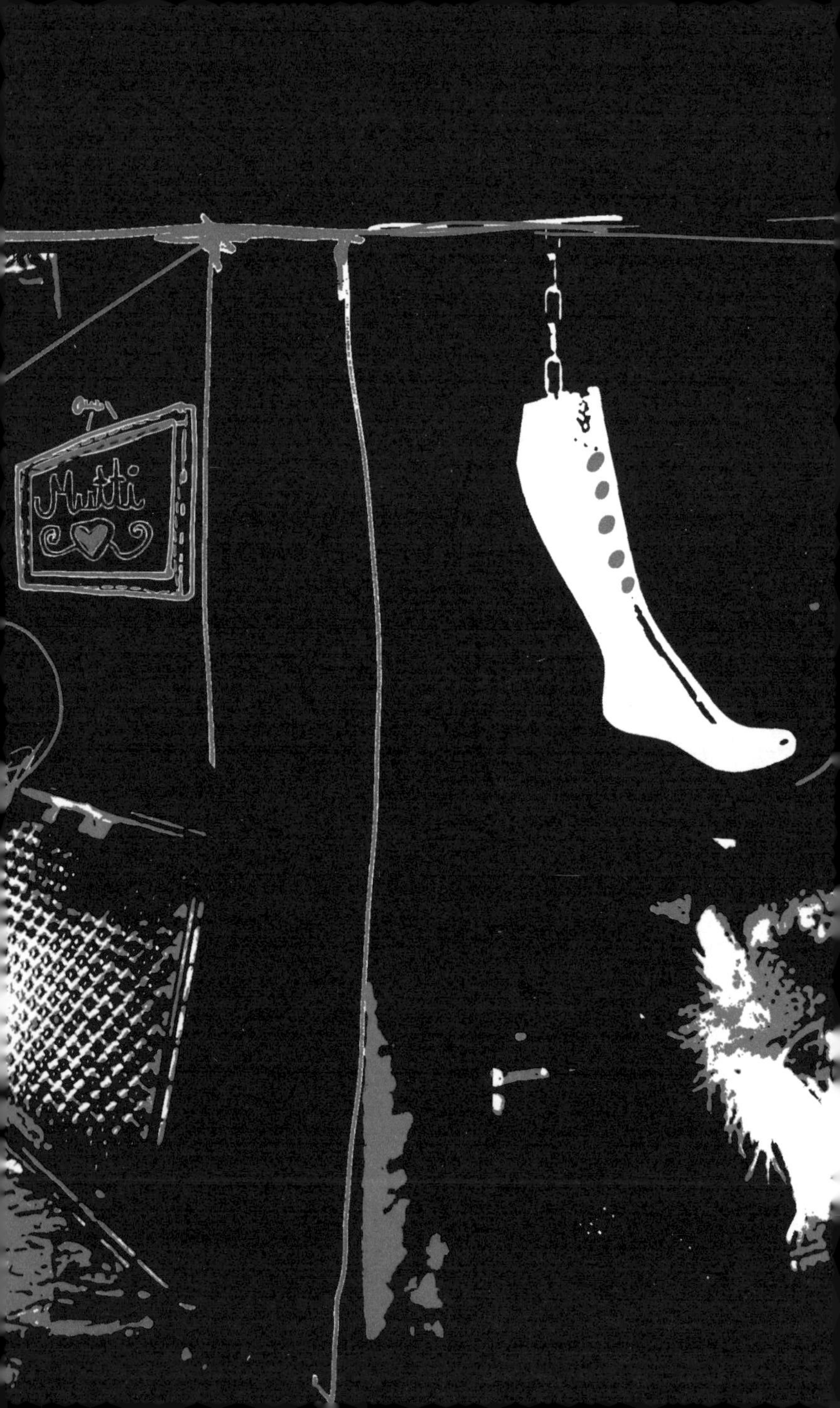
Mutti

SEPTEMBER 1903

Ach, Trug! Ach, ich lasse mich immer täuschen;
um wenigstens einen Fetzen meines Lebens hier zu haben.
Auch wenn ich Nähe oft spürte. Ich erstarrte, und es überkam mich Angst;
warum die Lippen immer schließen;
und in mir schluchzte das zerschlissene Leben
und die Sehnsucht trug Schwarz.

Diesen Augen oft so nah zu sein, den begehrten Lippen,
dem ersehnten, dem geliebten Körper.
So oft so nah zu sein.

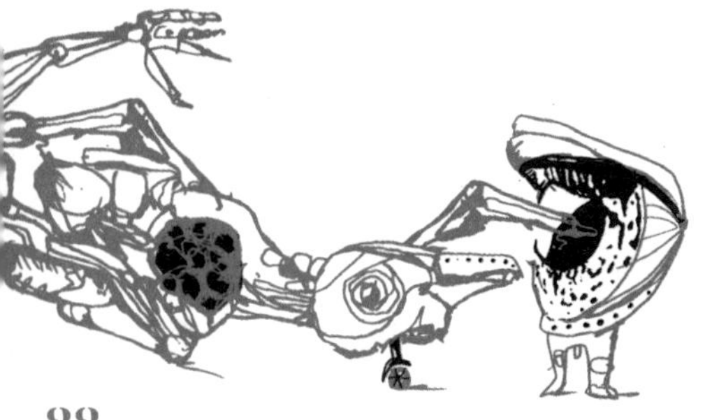

Ο ΣΕΠΤΕΜΒΡΗΣ ΤΟΥ 1903 // Τουλάχιστον με πλάνες ας γελιούμαι τώρα΄ / την άδεια την ζωή μου να μη νιώθω. / Και ήμουνα τόσες φορές τόσο κοντά. / Και πώς παρέλυσα, και πώς δειλίασα΄ / γιατί να μείνω με κλειστά τα χείλη΄ / και μέσα μου να κλαίει η άδεια μου ζωή, / και να μαυροφορούν οι επιθυμίες μου. // Τόσες φορές τόσο κοντά να είμαι / στα μάτια, και στα χείλη τα ερωτικά, / στ' ονειρεμένο, το αγαπημένο σώμα. / Τόσες φορές τόσο κοντά να είμαι.

DIE BANDAGIERTE SCHULTER

Er sagte, er habe sich an der Wand gestoßen, dass er vielleicht gefallen sei.
Aber sicher war der Grund
der Wunde und der Schulterbandage
ganz woanders zu suchen.

In einer plötzlichen Bewegung —
er wollte etwas vom Regal nehmen
Fotos, um sie genauer anzusehen —
löste sich der Verband und etwas Blut tropfte.

Ich verband ihm die Schulter neu
ließ mir Zeit, den Mull aufzulegen; er verspürte keinen Schmerz
und sein Blut zu betrachten gefiel mir.
Dieses Blut, Teil meiner Liebe.

Als er wegging, fand ich vor mir auf dem Stuhl
einen Fetzen des Verbandes, einen Fetzen
der sofort in den Müll gehörte;
den drückte ich an meinem Mund, bewahrte ihn dann lange auf — sein
Blut darauf als Spur meiner Lippen.

Ο ΔΕΜΕΝΟΣ ΩΜΟΣ // Είπε που χτύπησε σε τοίχον ή που έπεσε. / Μα πιθανόν η αιτία να 'ταν άλλη / του πληγωμένου και δεμένου ώμου. // Με μια κομμάτι βίαιη κίνησιν, / απ' ένα ράφι για να κατεβάσει κάτι / φωτογραφίες που ήθελε να δει από κοντά, / λύθηκεν ο επίδεσμος κ' έτρεξε λίγο αίμα. // Ξανάδεσα τον ώμο, και στο δέσιμο / αργούσα κάπως· γιατί δεν πονούσε, / και μ' άρεζε να βλέπω το αίμα. / Πράγμα του έρωτός μου το αίμα εκείνο ήταν. // Σαν έφυγε ηύρα στην καρέγλα εμπρός, / ένα κουρέλι ματωμένο, απ' τα πανιά, / κουρέλι που έμοιαζε για τα σκουπίδια κατ' ευθείαν' / και που στα χείλη μου το πήρα εγώ, / και που το φύλαξα ώρα πολλή — / το αίμα του έρωτος στα χείλη μου επάνω.

EINE HALBE STUNDE

1 Weder habe ich dich gewonnen, denke ich
2 noch werde ich dich je gewinnen.
3 Nur ein paar Worte waren es die Nähe vorgestern Abend in der Bar
nichts anderes.
4 Es ist ein Jammer. Doch wir Künstler
5 schaffen uns manchmal durch die Mühen des Verstandes
6 — und natürlich für Momente nur — eine Befriedigung
7 die uns beinahe schon echt vorkommt.
8 So wie in der Bar vorgestern — auch mit Hilfe
9 des nebelnden Alkohols —
10 hatte ich die perfekte halbe Stunde.
11 Und du hast das verstanden, scheint mir du bist deshalb auch länger
geblieben.
12 Nach dir war da eine große Not. Trotz meiner Fantasie und ihres
Helfers Alkohols
13 musste ich doch in deine Augen sehen, musste deines Körpers
Witterung aufnehmen.

Μισή Ώρα // Μήτε σε απέκτησα, μήτε θα σε αποκτήσω / ποτέ, θαρρώ. Μερικά λόγια, ένα πλησίασμα / όπως στο μπαρ προχθές, και τίποτε άλλο. / Είναι, δεν λέγω, λύπη. Αλλά εμείς της Τέχνης / κάποτε μ' έντασι του νου, και βέβαια μόνο / για λίγην ώρα, δημιουργούμεν ηδονήν / η οποία σχεδόν σαν υλική φαντάζει. / Έτσι στο μπαρ προχθές —βοηθώντας κιόλας / πολύ ο ευσπλαχνικός αλκολισμός— / είχα μισή ώρα τέλεια ερωτική. / Και το κατάλαβες με φαίνεται, / κ' έμεινες κάτι περισσότερον επίτηδες. / Ήταν πολλή ανάγκη αυτό. / Γιατί μ' όλην την φαντασία, και με το μάγο οινόπνευμα, / χρειάζονταν να βλέπω και τα χείλη σου, / χρειάζονταν να 'ναι το σώμα σου κοντά.

MISS YOU!

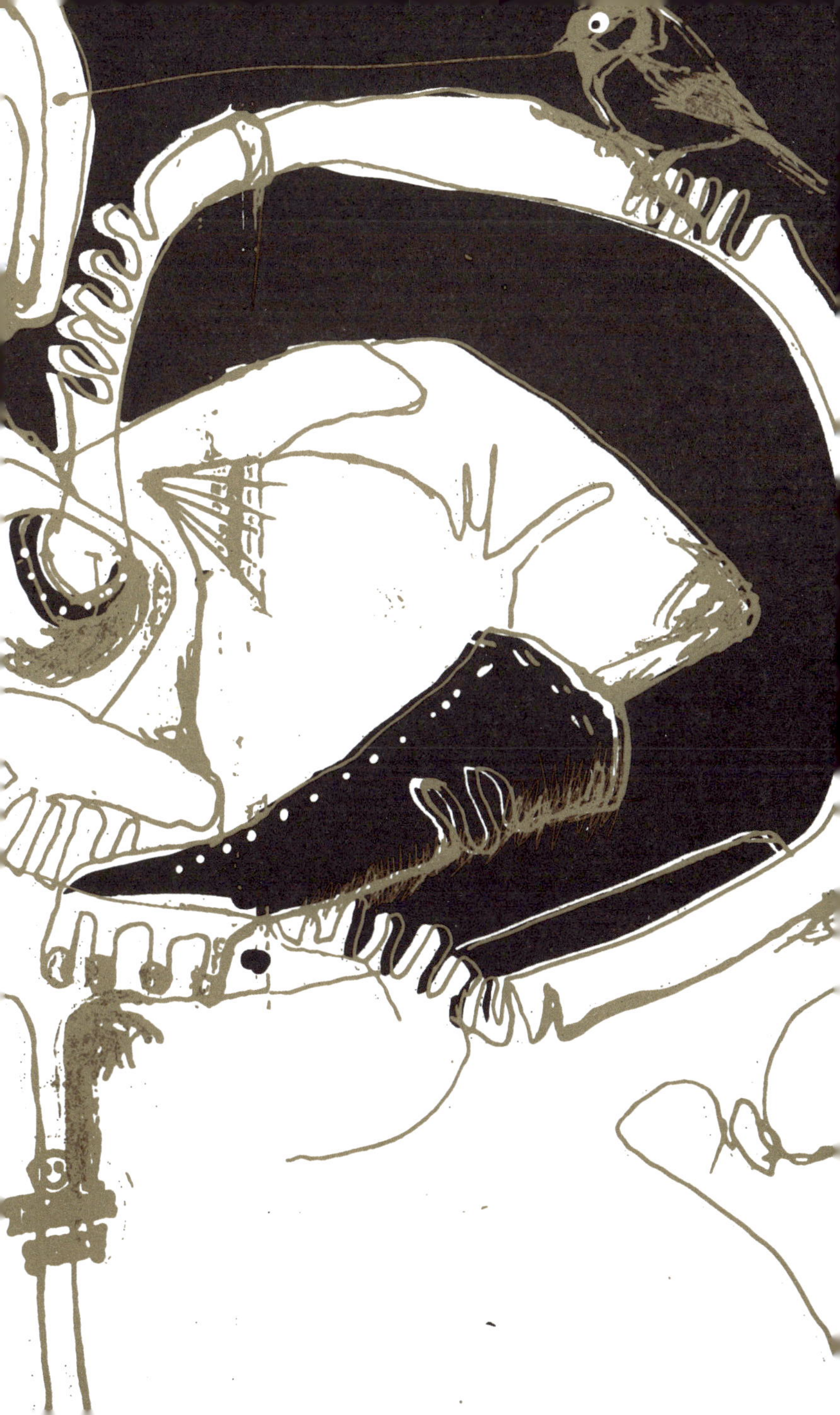

AUF DER TREPPE

Gerade als ich die verdammte Treppe runterging
kamst du durch die Tür, und für den Moment
sah ich in deine Augen, wie du mich erkanntest.
Ich versteckte mich, um zu vermeiden, dass dein Blick
mich nochmals trifft, du gingst auch
schnell vorbei, verdecktest dein Gesicht
flohst in das verdammte Haus
wo du deine Lust nicht finden wirst, und auch ich meine nicht.

Bei mir war die Liebe, die du haben wolltest;
die Liebe, die ich wollte
— deine Augen, müde und verräterisch gaben es preis —
die hättest du mir geben können.
Unsere Körper spürten sich, verlangten einander
unser Blut und unsere Haut begriffen.

Aber wir, wir versteckten uns voreinander, erregt

ΣΤΕΣ ΣΚΑΛΕΣ // Την άτιμη την σκάλα σαν κατέβαινα, / από την πόρτα έμπαινες, και μια στιγμή / είδα το άγνωστό σου πρόσωπο και με είδες. / Έπειτα κρύφθηκα να μη με ξαναδείς, και συ / πέρασες γρήγορα το πρόσωπό σου κρύβοντας, / και χώθηκες στο άτιμο το σπίτι μέσα / όπου την ηδονή δεν θά 'βρες, καθώς δεν την βρήκα. // Κι όμως τον έρωτα που ήθελες τον είχα να σ' τον δώσω· / τον έρωτα που ήθελα — τα μάτια σου με το 'παν / τα κουρασμένα καί ύποπτα — είχες να με τον δώσεις. / Τα σώματά μας αισθανθήκαν και γυρεύονταν· / το αίμα και το δέρμα μας ενόησαν. // Αλλά κρυφθήκαμε κ' οι δυο μας ταραγμένοι.

WER SCHEITERTE

Wer scheiterte, wer niederging
wie schwer für ihn, die Sprache der Armut
und andere Manieren zu erlernen!

Wie er zu den fremden Häusern geht!
Woher soll er den Mut nehmen, die Straße zu überqueren
und wenn er endlich vor der Tür steht
die Kraft, an der Klingel zu ziehen! Um Brote zu betteln
und um Obdach — wie wird er danken!
Wie wird er den kalten Blicken begegnen
die ihm sagen, dass er bloß eine Last ist!
Wie werden seine Lippen — stolz noch —
bescheiden zu bitten beginnen;
und wie er den Kopf, den stolzen, einziehen wird!
Wie wird er die Sprache aushalten
die mit jedem Wort die Ohren zerreißt; und obendrein
muss er so tun, als spürte er die Schläge nicht,
als wäre er ein Simpel, der gar nichts versteht.

ΟΠΟΙΟΣ ΑΠΕΤΥΧΕ // Όποιος απέτυχε, όποιος ξεπέσει / τι δύσκολο να μάθει της πενίας /την νέα γλώσσα και τους νέους τρόπους. // Εις τ' άθλια ξένα σπίτια πώς θα πάει! — / με τι καρδιά θα περπατεί στον δρόμο / κι όταν στην πόρτα εμπρός βρεθεί πού θά 'βρει / την δύναμι ν' αγγίξει το κουδούνι. / Για του ψωμιού την ποταπήν ανάγκη / και για την στέγη, πώς θα ευχαριστήσει! / Πώς θ' αντικρίσει τες ματιές τες κρύες / που θα τον δείχνουνε που είναι βάρος! / Τα χείλη τα υπερήφανα πώς τώρα / θ' αρχίσουν να ομιλούνε ταπεινά' / και το υψηλό κεφάλι πώς θα σκύψει! / Τα λόγια πώς θ' ακούσει που ξεσκίζουν / τ' αυτιά με κάθε λέξι — κ' εν τοσούτω / πρέπει να κάμνεις σαν να μην τα νιώθεις / σαν να 'σαι απλούς και δεν καταλαμβάνεις.

EWIGKEIT

1 Der Inder Arjuna, ein Menschenfreund, ein sanfter König
2 verabscheute Massaker. Nie führte er einen Krieg.
3 Ohne Krieg bekam der allmächtige Gott aber schlechte Laune — sein
Ruhm verblasste, seine Tempel leerten sich —
4 und er betrat voll Zorn den Palast von Arjuma.
5 Arjuma erschrak und sprach: „Großer Gott,
6 verzeih' mir, dass ich keinem Menschen das Leben nehmen kann".
7 Voller Verachtung antwortete Gott: „Hältst du dich
8 für gerechter als mich? Lass dich durch Reden nicht täuschen.
9 Kein Leben wird genommen. Du sollst wissen
10 dass man weder irgendwann geboren wird, noch jemals stirbt".

ΑΙΩΝΙΟΤΗΣ // Ο Ινδός Αρσούνας, βασιλεύς φιλάνθρωπος και πράος, / μισούσε τες σφαγές. Ποτέ δεν έκαμνε πολέμους. / Πλην του πολέμου ο φοβερός θεός δυσηρεστήθη - / (λιγόστεψεν η δόξα του, άδειασαν οι ναοί του) - / και μπήκε με θυμό πολύ στου Αρσούνα το παλάτι. / Ο βασιλεύς φοβήθηκε και λέει· «Θεέ μεγάλε, / συγχώρεσέ με αν δεν μπορώ ζωή να πάρω ανθρώπου». / Με περιφρόνησι ο θεός απήντησε΄ «Από μένα / νομίζεσαι πιο δίκαιος; Με λέξεις μη γελιέσαι. / Καμιά ζωή δεν παίρνεται. Γνώριζε πως ποτέ του / μήτε γεννήθηκε κανείς, μήτε κανείς πεθαίνει».

JANUAR 1904

Diese Raunächte, in denen ich sitze
und in Gedanken Augenblicke modelliere
und dir begegne, unsere letzten Worte höre wie die ersten.

Verzweifelte Nächte des Januar, wenn das Trugbild verschwimmt
und mich hier allein zurücklässt.
Wie schnell es verschwindet, eilig sich auflöst —
die Bäume verschwunden, die Straßen,
die Häuser verschwunden, die Lichter erloschen;
deine liebliche Gestalt wird Nebel, vergeht.

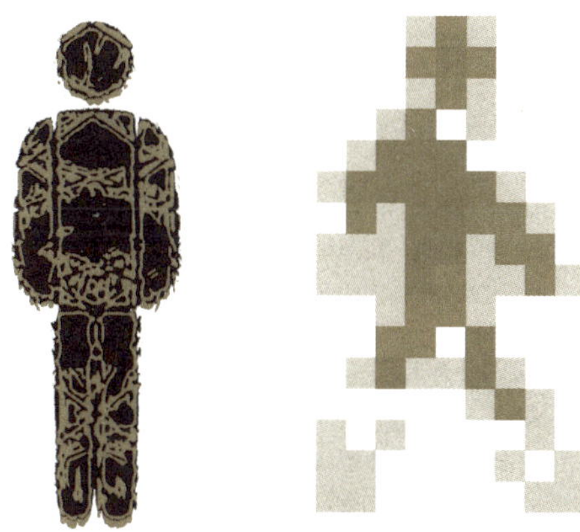

Ο ΓΕΝΑΡΗΣ ΤΟΥ 1904 // Α οι νύχτες του Γενάρη αυτουνού, / που κάθομαι και ξαναπλάττω με τον νου / εκείνες τες στιγμές και σ' ανταμώνω, / κι ακούω τα λόγια μας τα τελευταία κι ακούω τα πρώτα. // Απελπισμένες νύχτες του Γενάρη αυτουνού, / σαν φεύγ' η οπτασία και μ' αφήνει μόνο. / Πώς φεύγει και διαλύεται βιαστική - / πάνε τα δένδρα, πάνε οι δρόμοι, πάν' τα σπίτια, πάν' τα φώτα˙ / σβήνει και χάνετ' η μορφή σου η ερωτική.

DIE SCHACHFIGUR

Wenn ich einer Partie Schach beiwohne
verfolgen meine Augen oft die Schachfigur
die ihren Weg nur langsam findet, dann aber bis zur allerletzten Linie gelangt.
Mit solcher Strebsamkeit schreitet sie zum Ziel
dass man meint, ihren Genuss, ihre Befriedigung
erlangt sie erst und folgerichtig hier.
Ihr Weg hält allerlei Gefahren für sie bereit:
Schräg von der Seite bewerfen die Bauern
sie mit Lanzen; Türme schlagen sie
auf den Geraden in der ganzen Breite;
zwischen zwei Quadraten lauern schnelle Springer
mit List versuchen sie, ihr den Weg zu versperren;
und aus totem Winkel kommt manch eine feindliche Figur, baut sich
vor ihr auf, versperrt ihr den Weg.

Sie entkommt allen Gefahren, erreicht unbeirrt ihr Ziel.

Wie sie triumphiert, wenn sie es geschafft hat,
bis zu dieser letzten, dieser ungeheuren Linie!
Voll Demut gibt sie sich dem Ende hin!

Dort wird sie sterben, die Figur
und ihre Mühen dienten einzig diesem Sinn.
Nur um der Dame willen, die uns retten wird
um sie auferstehen zu lassen
warf die Figur sich in den Hades dieses Spiels.

ΤΟ ΠΙΟΝΙ // Πολλάκις, βλέποντας να παίζουν σκάκι, / ακολουθεί το μάτι μου ένα Πιόνι / οπού σιγά-σιγά τον δρόμο βρίσκει / και στην υστερινή γραμμή προφθαίνει. / Με τέτοια προθυμία πάει στην άκρη / οπού θαρρείς πως βέβαια εδώ θ' αρχίσουν / οι απολαύσεις του κ' οι αμοιβές του. / Πολλές στον δρόμο κακουχίες βρίσκει. / Λόγχες λοξά το ρίχνουν πεζοδρόμοι΄ / τα κάστρα το χτυπούν με τες πλατειές των / γραμμές΄ μέσα στα δυο τετράγωνά των / γρήγοροι καβαλλάρηδες γυρεύουν / με δόλο να το κάμουν να σκαλώσει΄ / κ' εδώ κ' εκεί με γωνιακή φοβέρα / μπαίνει στον δρόμο του κανένα πιόνι / απ' το στρατόπεδο του εχθρού σταλμένο. // Αλλά γλιτώνει απ' τους κινδύνους όλους / και στην υστερινή γραμμή προφθαίνει. // Τι θριαμβευτικά που εδώ προφθαίνει, / στην φοβερή γραμμή την τελευταία΄ / τι πρόθυμα στον θάνατό του αγγίζει! // Γιατί εδώ το Πιόνι θα πεθάνει / κ' ήσαν οι κόποι του προς τούτο μόνο. / Για την βασίλισσα, που θα μας σώσει, / για να την αναστήσει από τον τάφο / ήλθε να πέσει στου σκακιού τον άδη.

Do me

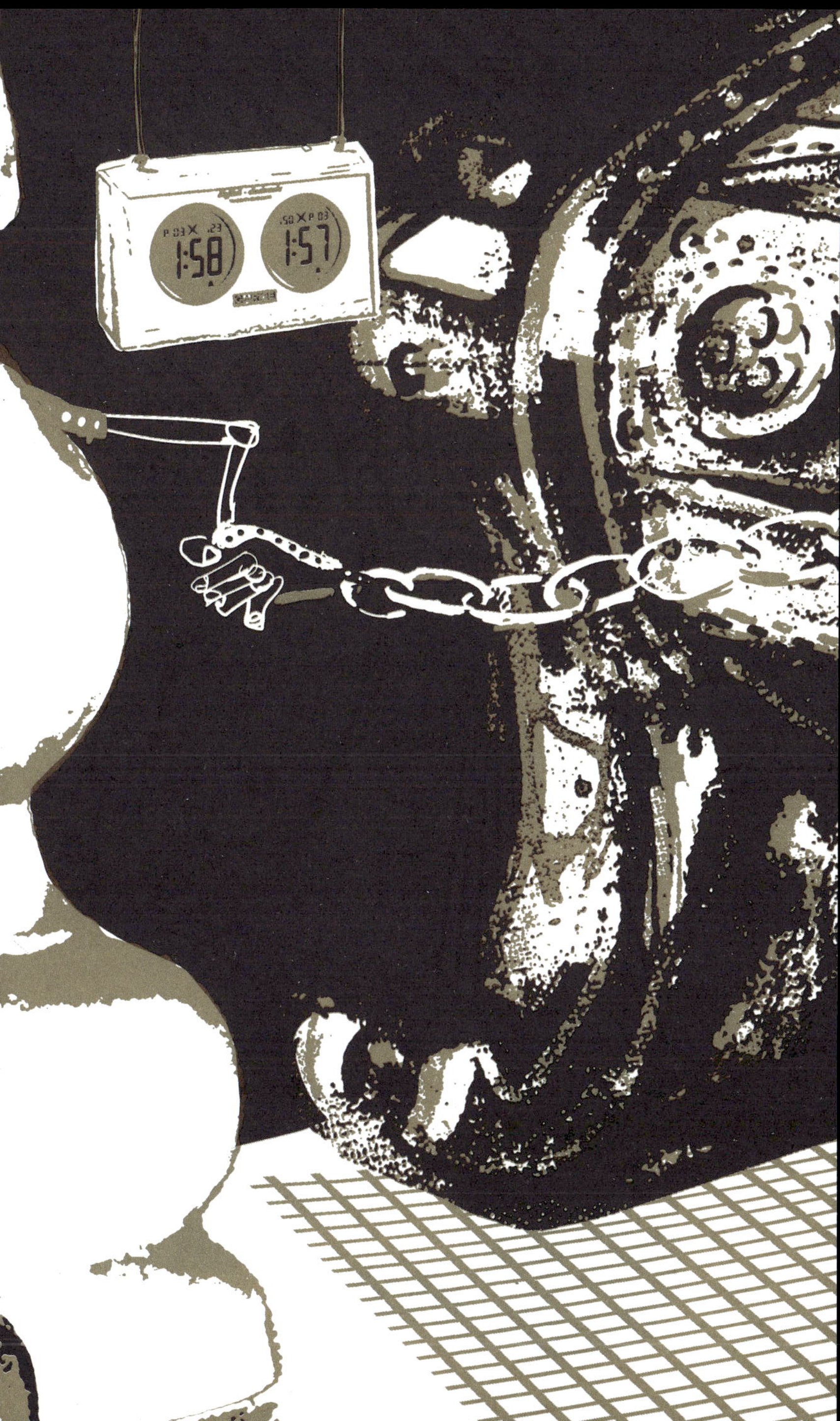
1:58
1:57

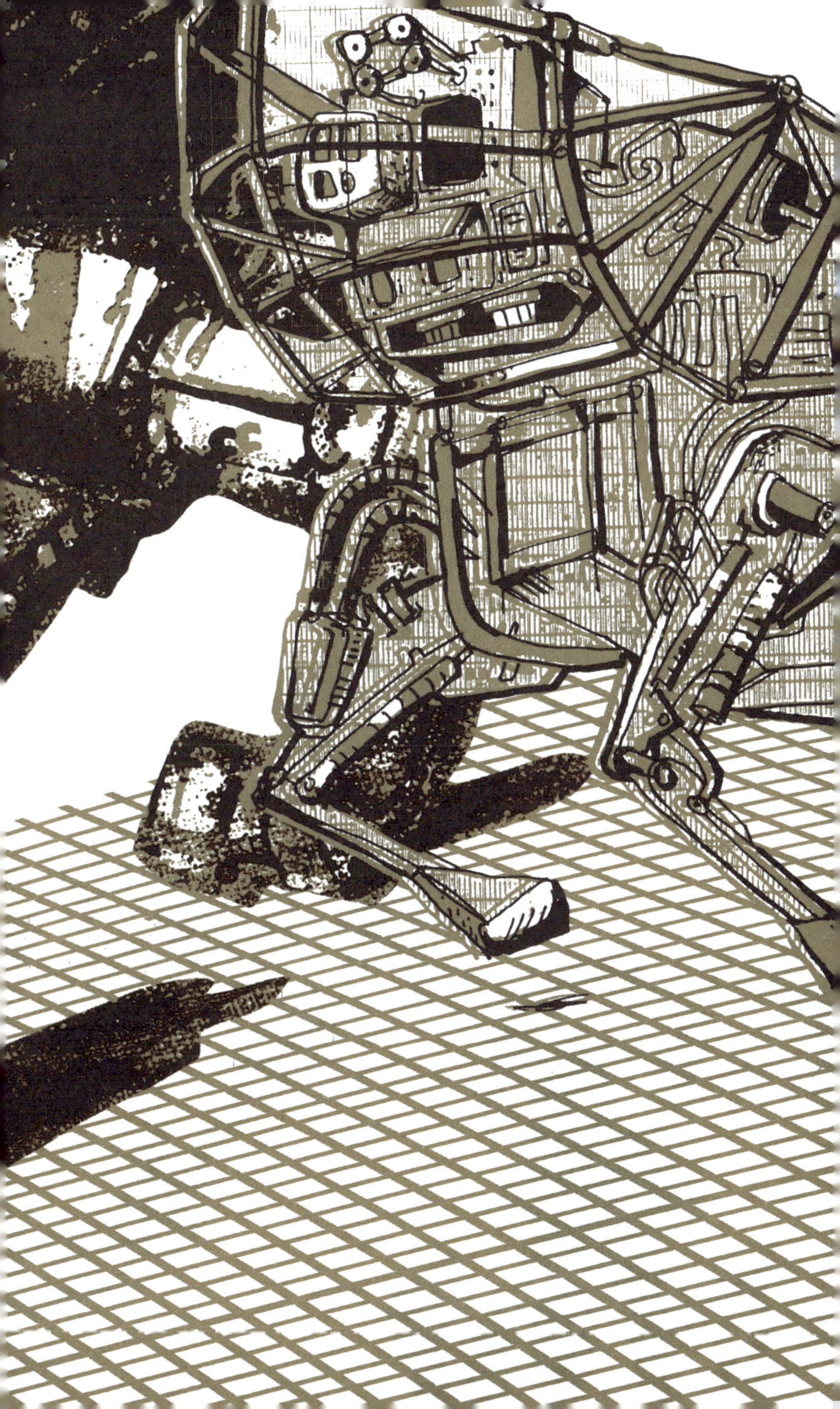

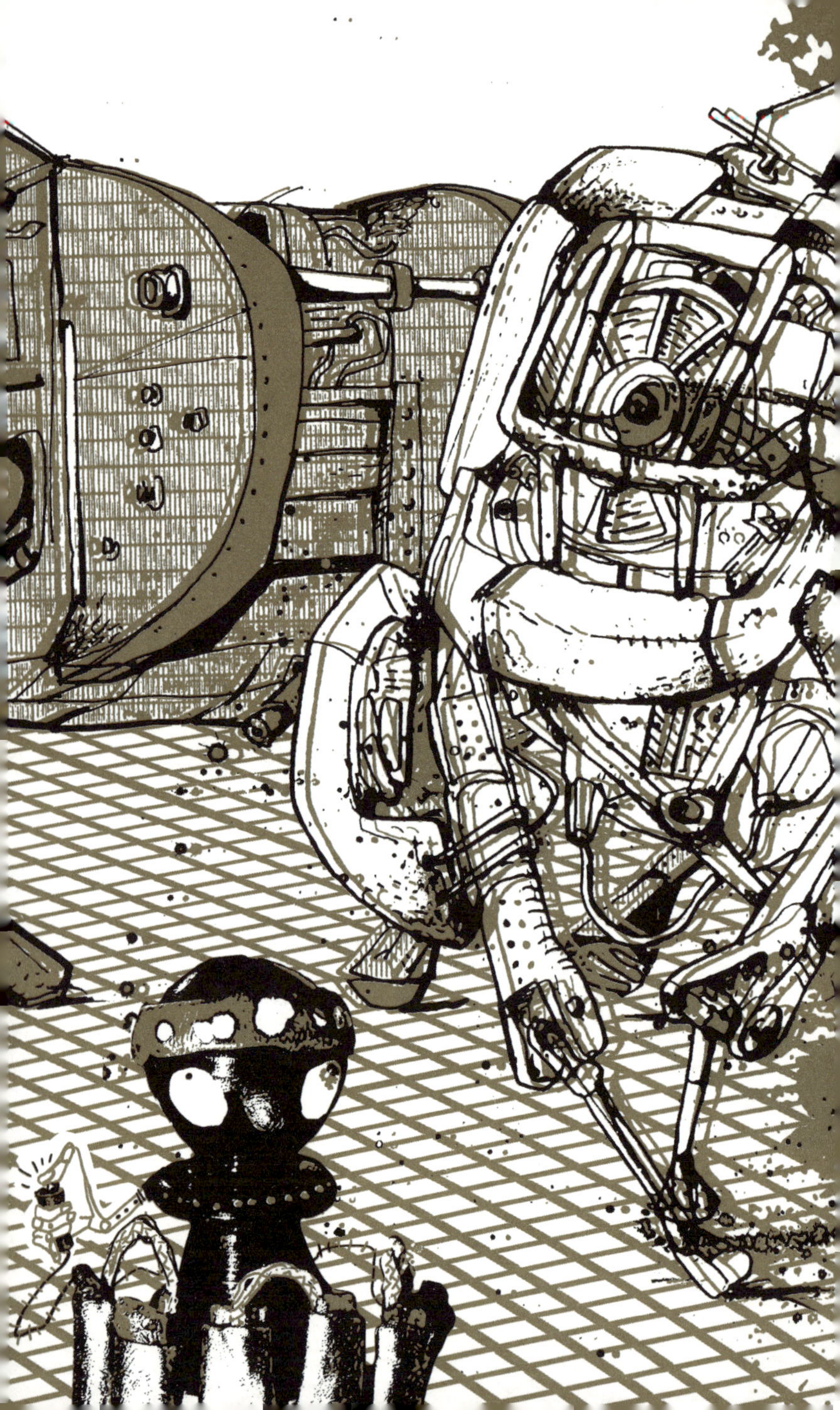

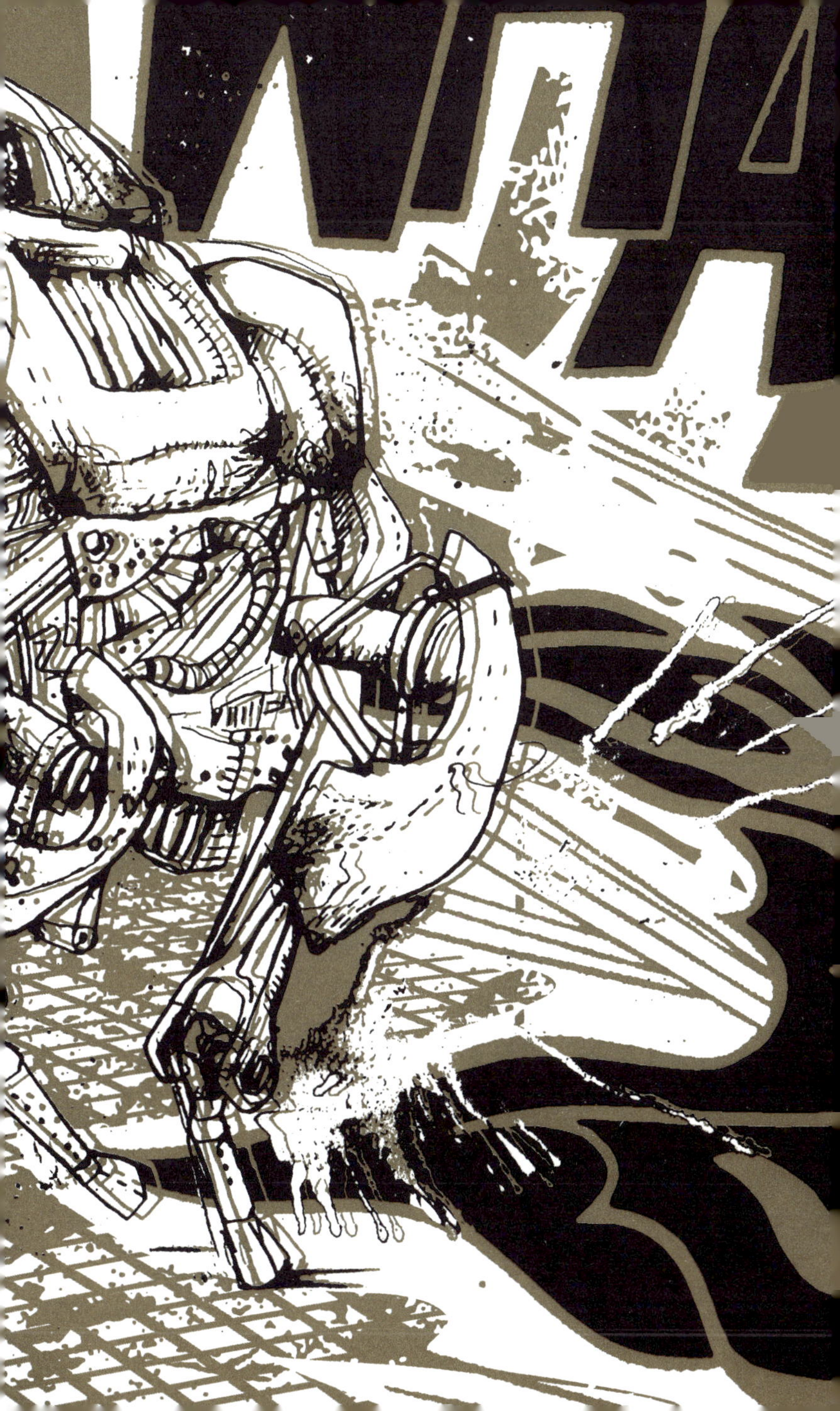

DIE BANK DER ZUKUNFT

Werde, um mein schweres Leben nicht zu ruinieren
auf der Zukunftsbank ’n paar Devisen deponieren.

Zwar bezweifle ich der Kapitalien Größe
auch überkam mich Furcht schon böse

sie stelle bei einer Krise erstem Anschein
alle Zahlungen an mich auf einmal ein.

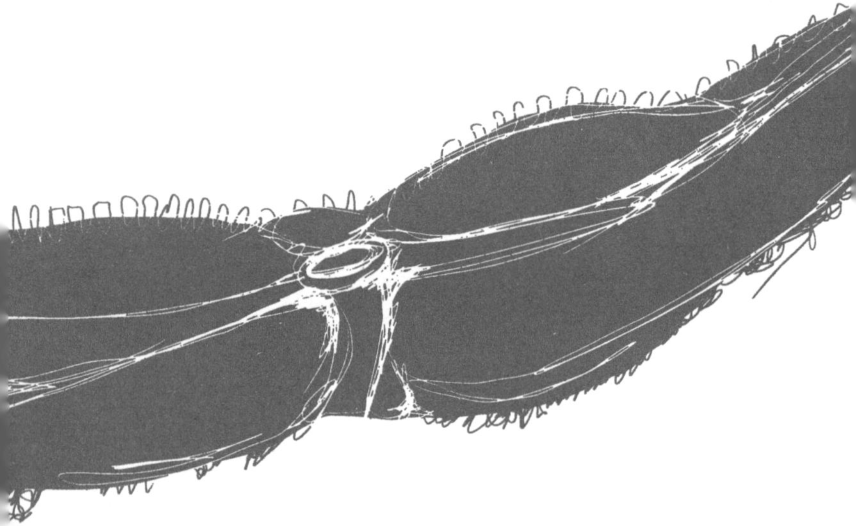

Η ΤΡΑΠΕΖΑ ΤΟΥ ΜΕΛΛΟΝΤΟΣ // Την δύσκολη ζωή μου ασφαλή να κάνω / εγώ στην Τράπεζα του Μέλλοντος επάνω / πολύ ολίγα συναλλάγματα θα βγάλω. // Κεφάλαια μεγάλ’ αν έχει αμφιβάλλω. / Κι άρχισα να φοβούμαι μη στην πρώτη κρίσι / εξαφνικά τας πληρωμάς της σταματήσει.

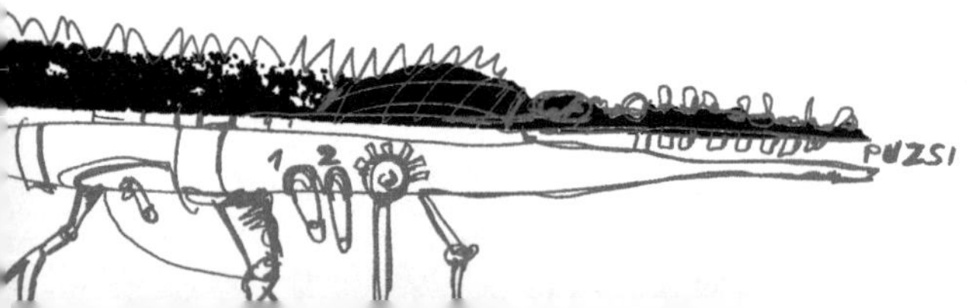

DEZEMBER 1903

Und wenn ich nicht über meinen Eros sprechen kann —
wenn ich nicht von deinen Haaren, deinen Lippen, deinen Augen spreche;
dein Gesicht aber, dessen Bild ich in meiner Seele aufbewahre
der Klang deiner Stimme, den ich in meinen Kopf eingeschlossen
diese Septembertage, die in meinen Träumen aufblühen
bilden und färben meine Worte und Sätze
welches Thema ich auch übergehe, über welche Idee ich auch spreche.

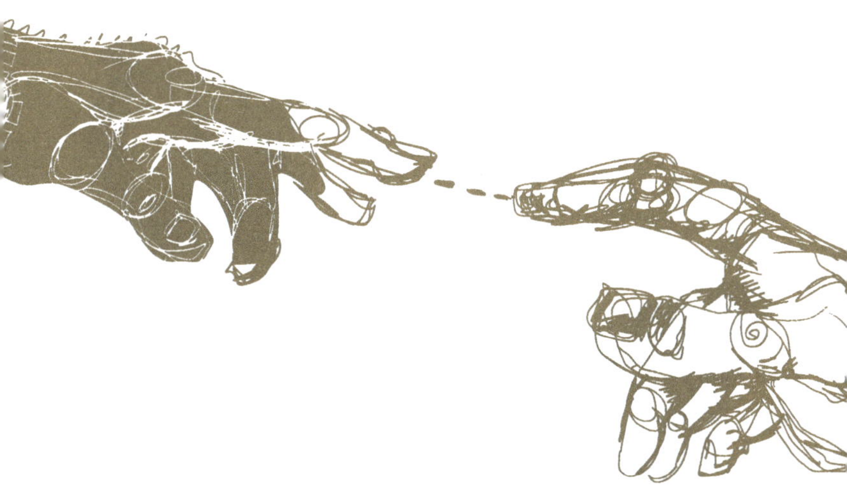

Ο ΔΕΚΕΜΒΡΗΣ ΤΟΥ 1903 // Κι αν για τον έρωτά μου δεν μπορώ να πω - / αν δεν μιλώ για τα μαλλιά σου, για τα χείλη, για τα μάτια˙ / όμως το πρόσωπό σου που κρατώ μες στην ψυχή μου, / ο ήχος της φωνής σου που κρατώ μες στο μυαλό μου, / οι μέρες του Σεπτέμβρη που ανατέλλουν στα όνειρά μου, / τες λέξεις και τες φράσεις μου πλάττουν και χρωματίζουν / εις όποιο θέμα κι αν περνώ, όποιαν ιδέα κι αν λέγω.

RANA
EGÉSZÉGEDRE

IM THEATER

Die Szene langweilte mich
und so sah ich zu den Logen hinauf. Auf einem Balkon erblickte ich dich
in deiner sonderbaren Schönheit, deiner verdorbenen Jugend.
Und sofort blitzte in meinem Gedächtnis auf
was man mir am Nachmittag über dich erzählte
aufgewühlt meine Gedanken, mein Körper.
Und während ich deine müde Schönheit, deine Jugend
und deine erlesene Kleidung besah, ergab das Bild sich, das seit dem Nachmittag
durch meine Gedanken spukte.

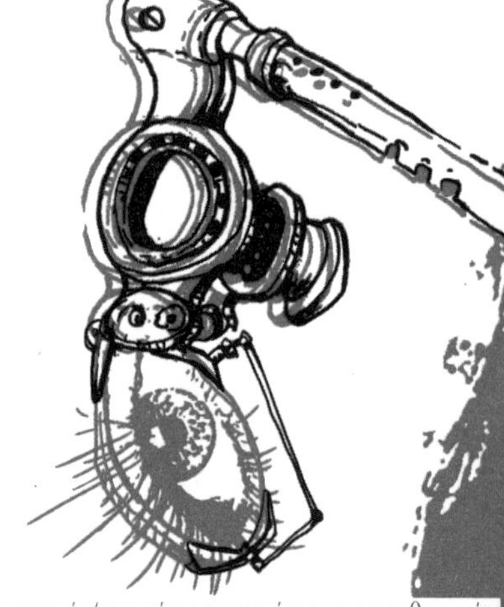

ΣΤΟ ΘΕΑΤΡΟ // Βαρέθηκα να βλέπω την σκηνή, / και σήκωσα τα μάτια μου στα θεωρεία. / Και μέσα σ' ένα θεωρείο είδα σένα / με την παράξενη εμορφιά σου, και τα διεφθαρμένα νιάτα. / Κι αμέσως γύρισαν στο νου μου πίσω / όσα με είπανε το απόγευμα για σένα, / κ' η σκέψις και το σώμα μου συγκινηθήκαν. / Κ' ενώ εκοίταζα γοητευμένος / την κουρασμένη σου εμορφιά, τα κουρασμένα νιάτα, / το ντύσιμό σου το εκλεκτικό, / σε φανταζόμουν και σε εικόνιζα, / καθώς με είπανε το απόγευμα για σένα

E
D
C
B
A
BALCONY
H

RECHTS
CRISCO

PURE NATUR

UND ICH ERTASTETE UND LEGTE MICH AUF IHRE LAGERSTATT

Als ich ins Freudenhaus kam
blieb ich nicht lange im Saal
wo die Mätressen zünftig feiern.

In die geheimen Kammern ging ich ertastete ihre Lagerstatt und legte mich darauf nieder.

In die geheimen Kammern ging ich
über die man nicht spricht, die man verschweigt voll Scham.
Aber ich schäme mich nicht — was wäre ich dann für ein Dichter, was für ein Artist?
Lieber will ich in Askese leben. Das passt besser
viel besser zu meiner Dichtung;
statt mich an einem ordinären Saal zu freuen.

ΚΙ ΑΚΟΥΜΠΗΣΑ ΚΑΙ ΠΛΑΓΙΑΣΑ ΣΤΕΣ ΚΛΙΝΕΣ ΤΩΝ // Στης ηδονής το σπίτι όταν μπήκα, / δεν έμεινα στην αίθουσαν όπου γιορτάζουν / με κάποια τάξιν αναγνωρισμένοι έρωτες. // Στες κάμαρες επήγα τες κρυφές / κι ακούμπησα και πλάγιασα στες κλίνες των. // Στες κάμαρες επήγα τες κρυφές / που το 'χουν για ντροπή και να τες ονομάσουν. / Μα όχι ντροπή για μένα - γιατί τότε / τι ποιητής και τι τεχνίτης θα 'μουν; / Καλύτερα ν' ασκήτευα. Θα 'ταν πιο σύμφωνο, / πολύ πιο σύμφωνο με την ποίησί μου' / παρά μες στην κοινότοπην αίθουσα να χαρώ.

aradise
nt
of SEX
EZ DÖNER

TAKE A WALK
ON THE WILD
SIDE!

BLUMENGEBINDE

Wermut, Stechapfel und Bilsenkraut,
Eisenhut, Schneerose und Schierling —
alles Bittere und alles Giftige —
sie werden ihre Blätter und grausamen Blüten bieten,
große Gebinde daraus zu flechten
die auf dem leuchtenden Altar abgelegt werden —
oh, glänzender Altar aus Malachit —
der schmerzhaft schönen Leidenschaft.

ΑΝΘΟΔΕΣΜΑΙ // Άψινθος, δάτουρα, και υποκύαμος, / ακόνιτον, ελλέβορος, και κώνειον - / όλ' αι πικρίαι και τα δηλητήρια- / τα φύλλα των και τ' άνθη τα φρικτά θα δώσουν / διά να γίνουν αι μεγάλαι ανθοδέσμαι / που θα τεθούν επί του φαεινού βωμού - / α, του λαμπρού βωμού εκ λίθου Μαλαχίτου - / του Πάθους του φρικτού και του περικαλλούς.

OO
MEGA
CLEAN

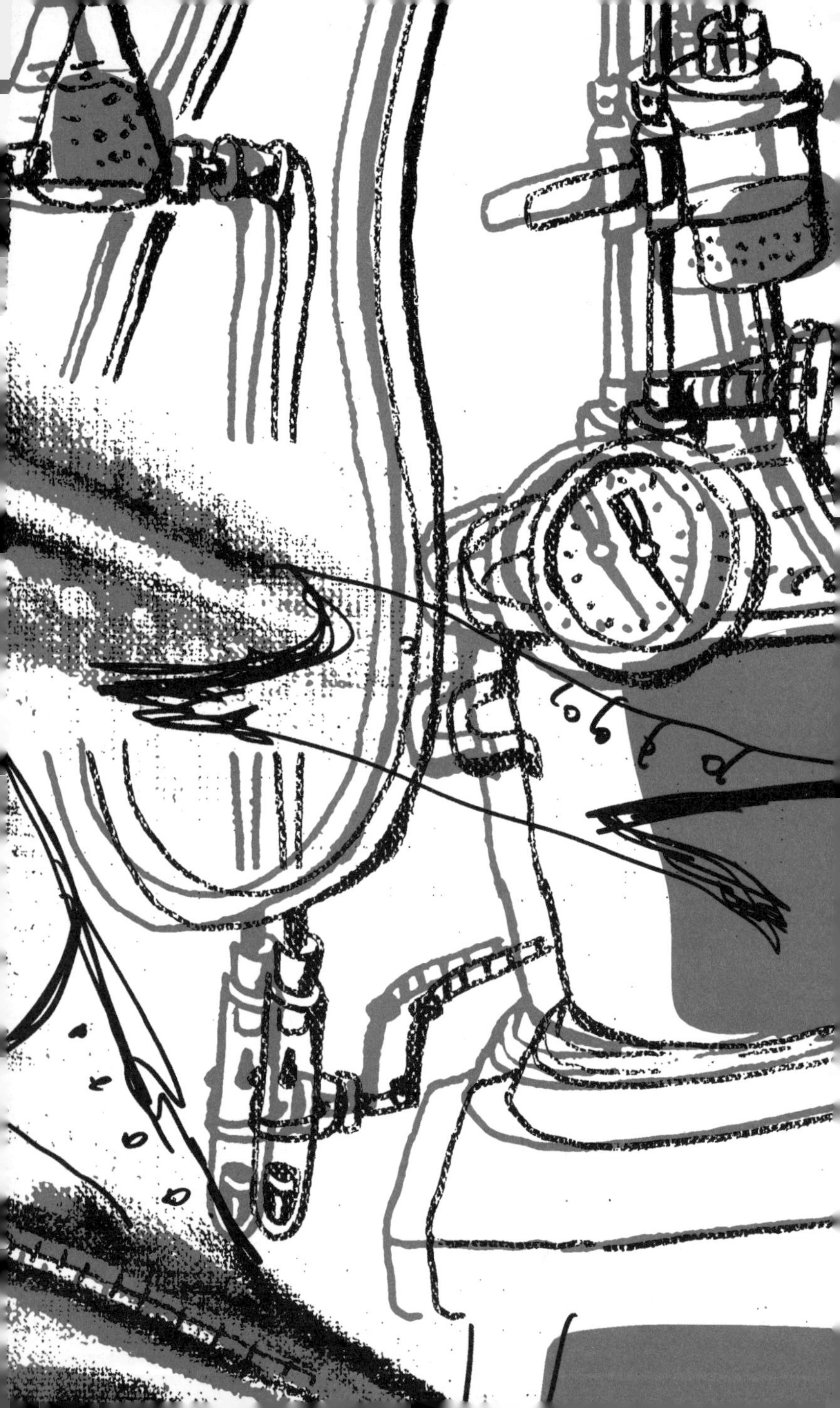

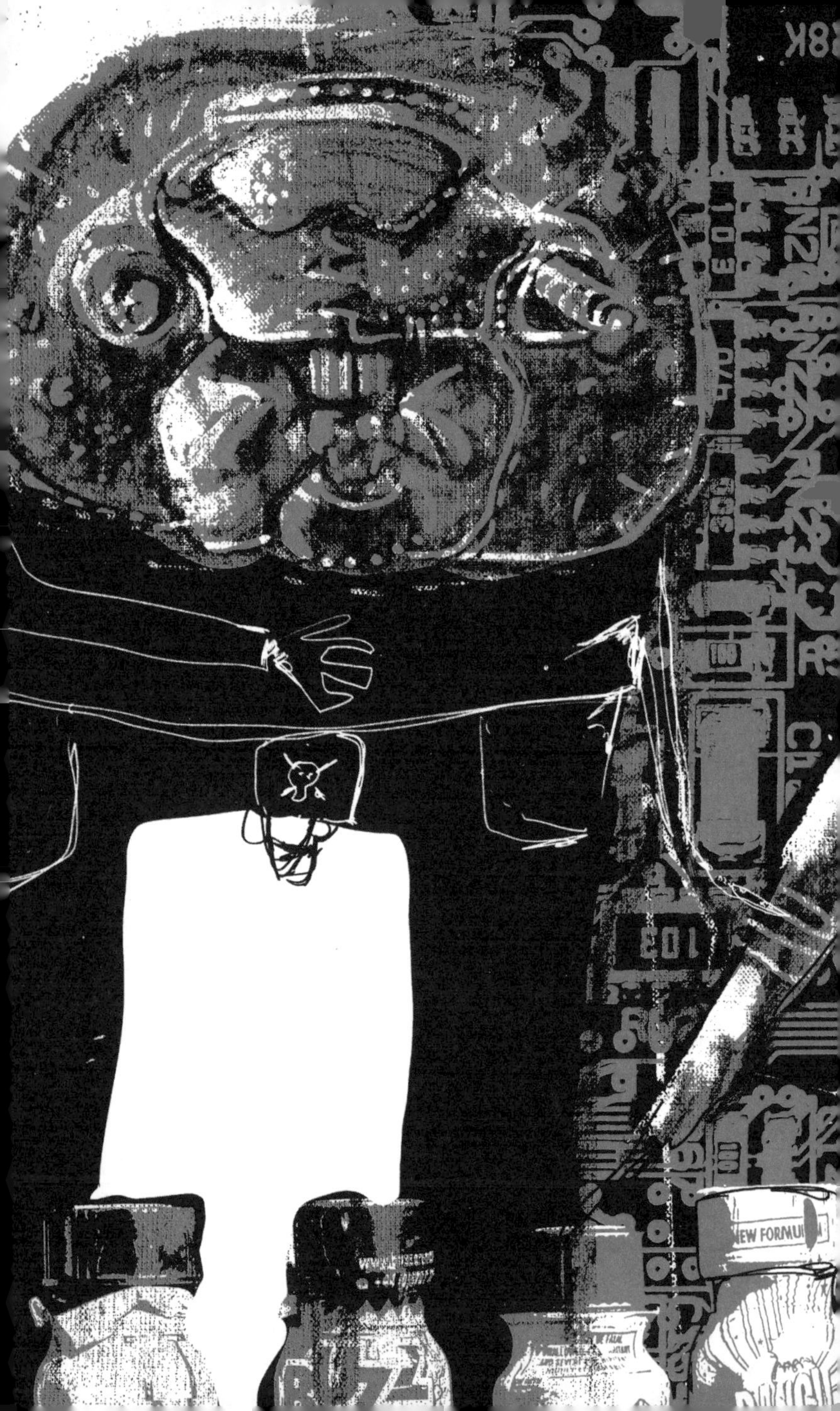
NEW FORMU

CB3
LISTED ACCESSORY
822
RN26

AUS DER SCHUBLADE

Ich hatte vor, sie an die Wand meiner Kammer zu hängen.
In der Schublade war sie aber feucht geworden.
Ich werde sie nicht einrahmen, diese Photographie.

Ich sollte besser auf sie achtgeben.
Diese Lippen, dieses Gesicht —
Ach, käme doch für einen Tag nur
für eine Stunde die Vergangenheit wieder!
Ich werde sie nicht einrahmen, diese Photographie.

Ich werde daran leiden, sie so beschädigt zu sehen.
Und auch wenn sie nicht beschädigt wäre
es würde mich stören, darauf zu achten
ob ein zufällig gesprochenes Wort
oder ein Tonfall nur mich verraten könnte —
wenn man einmal mich nach ihr fragte.

ΑΠ' ΤΟ ΣΥΡΤΑΡΙ // Εσκόπευα στης κάμαράς μου έναν τοίχο να την θέσω. / Αλλά την έβλαψεν η υγρασία του συρταριού. / Σε κάδρο δεν θα βάλω την φωτογραφία αυτή. / Έπρεπε πιο προσεκτικά να την φυλάξω. / Αυτά τα χείλη, αυτό το πρόσωπο - / α για μια μέρα μόνο, για μιαν ώρα μόνο, / να επέστρεφε το παρελθόν τους. / Σε κάδρο δεν θα βάλω την φωτογραφία αυτή. / Θα υποφέρω να την βλέπω έτσι βλαμμένη. // Άλλωστε, και βλαμμένη αν δεν ήταν, / θα μ' ενοχλούσε να προσέχω μη τυχόν καμιά λέξις, / κανένας τόνος της φωνής προδώσει - / αν με ρωτούσανε ποτέ γι' αυτήν.

ZWEITE ODYSSEE

Odyssee, die zweite, groß
wie die erste, vielleicht größer. Aber wehe
ohne Homer, ohne Hexameter:

Klein war sein väterliches Gemach
klein seine Heimatstadt, sein ganzes Ithaka war so klein.

Die Zuwendung Telemachs, Penelopes
Treue, die Jahre des Vaters
seine alten Freunde, die Liebe
des ergebenen Volkes
die glückliche Ruhe im Haus
sie trafen wie Freudenstrahlen ins Seefahrerherz.

Und so wie Strahlen vergingen sie auch.

Durst nach
Meer erwachte in ihm.
Er hasste den Wind vom Festland her.
Seinen Schlaf in der Nacht störten
die Gespenster des Abendlandes.
Fernweh überkam ihn
Sehnsucht nach morgendlicher
Ankunft im Hafen, in den er —
mit welcher Freude auch! — einfährt.

ΔΕΥΤΕΡΑ ΟΔΥΣΣΕΙΑ // Dante, Inferno, Canto XXVI Tennyson, «Ulysses» // Οδύσσεια δευτέρα και μεγάλη, / της πρώτης μείζων ίσως. Αλλά φευ / άνευ Ομήρου, άνευ εξαμέτρων. //Ήτο μικρόν το πατρικόν του δώμα, / ήτο μικρόν το πατρικόν του άστυ, / και όλη του η Ιθάκη ήτο μικρά. // Του Τηλεμάχου η στοργή, η πίστις / της Πηνελόπης, του πατρός το γήρας, / οι παλαιοί του φίλοι, του λαού / του αφοσιωμένου η αγάπη, / η ευτυχής ανάπαυσις του οίκου / εισήλθον ως ακτίνες της χαράς / εις την καρδίαν του θαλασσοπόρου. // Και ως ακτίνες έδυσαν. // Η δίψα / εξύπνησεν εντός του της θαλάσσης. / Εμίσει τον αέρα της ξηράς. / Τον ύπνον του ετάραττον την νύκτα / της Εσπερίας τα φαντάσματα. / Η νοσταλγία τον κατέλαβε / των ταξιδίων, και των πρωινών / αφίξεων εις τους λιμένας όπου, / με τί χαράν, πρώτην φοράν εμβαίνεις. // Του Τηλεμάχου την στοργήν, την πίστιν / της Πηνελόπης, του πατρός το γήρας, / τους παλαιούς του φίλους, του λαού / του αφοσιωμέ-

Telemachs Zuneigung, die Treue
der Penelope, die Jahre des Vaters
seine alten Freunde, die Liebe
des ergebenen Volkes,
der Frieden und die Ruhe im Haus
sie langweilten ihn.
Und er ging fort.

Aber als die Küsten von Ithaka
nach und nach von ihm ließen
und er mit voller Kraft nach Süden segelte
zur iberischen Halbinsel hin, zu den Säulen des Herkules —
fern von jenem archaischen Meer —
spürte er, dass er wieder auflebte
dass er die belastenden Bande
gewöhnlicher häuslicher Angelegenheiten abwarf.
Und sein Abenteurerherz
kühl und der Liebe entleert, hüpfte vor Freude.

νου την αγάπην, / και την ειρήνην και ανάπαυσιν / του οίκου εβαρύνθη. / Κ᾽ έφυγεν. // Ότε δε της Ιθάκης αι ακταί / ελιποθύμουν βαθμηδόν εμπρός του / κι έπλεε προς δυσμάς πλησίστιος, / προς Ίβηρας, προς Ηρακλείους στήλας,— / μακράν παντός Αχαϊκού πελάγους,— / ησθάνθη ότι έζη πάλιν, ότι / απέβαλλε τα επαχθή δεσμά / γνωστών πραγμάτων και οικιακών. / Και η τυχοδιώκτις του καρδιά / ηυφραίνετο ψυχρώς, κενή αγάπης.

°7'33" N.5°20'35" W
FLÜCHTLINGS-MELDE
(Refugee Registration Card No.)
1. Name
2. Geschlecht (Sex)
Alter (Age)
Marsch der Minderjährigen

SCHLEPPER

SERVICIO MARITIMO

HOTEL
211
ANGIES
Complimentary Return Ticket
Europe to AFRICA
via
Germany
#Luckybird
Name of Plane: "S.S. Lucky Bird"
Destination: Home, sweet home
COST-FREE
GRATIS

STÄRKUNG

Wer sich sehnlich wünscht, die Geisteskraft zu stärken
muss den Respekt verlernen und die Unterwürfigkeit.
Von den Gesetzen wird er nur einige befolgen
meistens wird er gegen sie verstoßen
wie auch gegen die Sitten.
Die Einfalt wird er fahren lassen.
Von den Lüsten wird er lernen — viel.
Die Tat, die ihn hinabreißt, wird er nicht mehr fürchten;
das halbe Haus muss abgerissen sein.
So wird er sich erkennen und tugendhaft entwickeln.

ΔΥΝΑΜΩΣΙΣ // Όποιος το πνεύμα του ποθεί να δυναμώσει / να βγει απ' το σέβας κι από την υποταγή. / Από τους νόμους μερικούς θα τους φυλάξει, / αλλά το περισσότερο θα παραβαίνει / και νόμους κ' έθιμα κι απ' την παραδεγμένη / και την ανεπαρκούσα ευθύτητα θα βγει. / Από τες ηδονές πολλά θα διδαχθεί. / Την καταστρεπτική δεν θα φοβάται πράξι' / το σπίτι το μισό πρέπει να γκρεμισθεί. / Έτσι θ' αναπτυχθεί ενάρετα στην γνώσι.

AUF DEM GRÄBERFELD

Wenn die Erinnerung dir deinen Weg
auf das alte Gräberfeld bahnt
bete fromm das heilige Geheimnis
unserer dunklen Zukunft an.
Richte auf den Herrn dein Innerstes.
Vor dir
findet sich des endlosen Schlafs engste Lagerstätte
in Jesu Erbarmen.

Unsere geliebte Religion stellt die Gräber
den Tod vor uns bescheiden dar.
Die Geschenke der Heiden
die Opfer die Prozessionen
sind ihr fremd.
Ohne dumme Opfergaben
aus Gold
findet sich des endlosen Schlafs engste Lagerstätte
in Jesu Erbarmen.

ΕΝ ΤΩ ΚΟΙΜΗΤΗΡΙΩ // Όταν η μνήμη εις το κοιμητήριον / τα βήματά σου διευθύνη, / μ᾽ ευλάβειαν το ιερόν μυστήριον / του σκοτεινού μας μέλλοντος προσκύνει. / Τον νουν σου ύψου προς τον Κύριον. / Προ σου / των απεράντων ύπνων η στενοτάτη κλίνη / κείται υπό το έλεος του Ιησού. // Η προσφιλής θρησκεία μας τα μνήματα, / τον θάνατον ημών σεμνύνει. / Των εθνικών τα δώρα και τα θύματα / και τας πομπάς δεν αγαπά εκείνη. / Χωρίς ανόητ᾽ αναθήματα / χρυσού, / των απεράντων ύπνων η στενοτάτη κλίνη / κείται υπό το έλεος του Ιησού.

ZURÜCK AUS GRIECHENLAND

Ermippos also — wir sind bald am Ziel.
Übermorgen, glaube ich, sagte der Kapitän.
Vor Zypern, vor Syrien und vor Ägypten.
Wir fahren schon auf vertrauten Wogen;
auf Gewässern unserer geliebten Heimatländer.
Warum so still? Frag dein Herz
freutest du dich nicht auch als wir Griechenland
hinter uns ließen? Wäre es gut, uns selbst zu betrügen? —
das ist sicher nicht die griechische Art.

Lass uns also bei der Wahrheit bleiben;
wir sind eben Griechen — was wären wir sonst? —
aber Griechen mit asiatischen Begierden und Lüsten
Griechen mit Begierden und Lüsten
die manchmal dem Griechentum widersprechen.

Uns gefällt es nicht, Ermippos — uns, den Philosophen —
dass wir manchem unserer niedlichen Könige ähneln
(erinnerst du dich, wie wir über sie lachten
als sie unsere Studierstuben besuchten)
die auf den ersten Blick, aufs Äußerste
griechisch zu sein scheinen, sogar mazedonisch
aber ein Zipfel Arabien kommt immer zum Vorschein
und von Medien ein Stück, das sich nicht bändigen lässt
mit zarten und lustigen Tricks suchen die Armen
es zu verbergen.

ΕΠΑΝΟΔΟΣ ΑΠΟ ΤΗΝ ΕΛΛΑΔΑ // Ώστε κοντεύουμε να φθάσουμ,̓ Έρμιππε. / Μεθαύριο, θαρρώ· έτσ' είπε ο πλοίαρχος. / Τουλάχιστον στην θάλασσά μας πλέουμε· / νερά της Κύπρου, της Συρίας, και της Αιγύπτου, / αγαπημένα των πατρίδων μας νερά. / Γιατί έτσι σιωπηλός; Ρώτησε την καρδιά σου, / όσο που απ' την Ελλάδα μακρυνόμεθαν / δεν χαίροσουν και συ; Αξίζει να γελιούμαστε; — / αυτό δεν θα 'ταν βέβαια ελληνοπρεπές. // Ας την παραδεχθούμε την αλήθεια πια· / είμεθα Έλληνες κ' εμείς — τι άλλο είμεθα; — / αλλά με αγάπες και με συγκινήσεις της Ασίας, / αλλά με αγάπες και με συγκινήσεις / που κάποτε ξενίζουν τον Ελληνισμό. // Δεν μας ταιριάζει, Έρμιππε, εμάς τους φιλοσόφους / να μοιάζουμε σαν κάτι μικροβασιλείς μας / (θυμάσαι πώς γελούσαμε με δαύτους / σαν επισκέπτονταν τα σπουδαστήριά μας) / που κάτω απ' το εξωτερικό τους το επιδεικτικά / ελληνοποιημένο, και (τι λόγος!) μακεδονικό, / καμιά Αραβία ξεμυτίζει κάθε τόσο / καμιά Μηδία που δεν περιμα-

Nein, das alles passt nicht zu uns.
Zu Griechen wie uns gehören solch Kleinigkeiten nicht.
Für das Blut von Syrien und von Ägypten
das durch unsere Adern fließt, werden wir uns nicht schämen.
Wir werden es ehren und prahlen damit.

ζεύεται, / και με τι κωμικά τεχνάσματα οι καημένοι / πασχίζουν να μη παρατηρηθεί. // Α όχι δεν ταιριάζουνε σ' εμάς αυτά. / Σ' Έλληνας σαν κ' εμάς δεν κάνουν τέτοιες μικροπρέπειες. / Το αίμα της Συρίας και της Αιγύπτου / που ρέει μες στες φλέβες μας να μη ντραπούμε, / να το τιμήσουμε και να το καυχηθούμε

SO

Auf diesem obszönen Foto, das unter der Hand
auf der Straße verkauft wurde
auf diesem Pornobild
wie kann es sein, dass man dich darauf findet?

Wer weiß, was für ein billiges, einfaches Leben du führst;
wie abscheulich die Szene war
als du für dieses Foto posiertest;
wie verdorben deine Seele.

Trotzdem bleibst du für mich das Gesicht
des Traums, und mehr noch
die für griechische Liebe geschaffene
und dieser Lust gegebene Gestalt —
bleibst du für mich und so nennt dich meine Dichtung.

ΕΤΣΙ // Στην άσεμνην αυτή φωτογραφία που κρυφά / στον δρόμο (ο αστυνόμος να μη δει) πουλήθηκε, / στην πορνικήν αυτή φωτογραφία, / πώς βρέθηκε τέτοιο ένα πρόσωπο / του ονείρου· εδώ πώς βρέθηκες εσύ. // Ποιος ξέρει τι ξευτελισμένη, πρόστυχη ζωή θα ζεις· / τι απαίσιο θα ᾽ταν το περιβάλλον / όταν θα στάθηκες να σε φωτογραφήσουν· / τι ποταπή ψυχή θα είν᾽ η δική σου. / Μα μ᾽ όλα αυτά, και πιότερα, για μένα μένεις / το πρόσωπο του ονείρου, η μορφή / για ελληνική ηδονή πλασμένη και δοσμένη — / έτσι για μένα μένεις και σε λέγ᾽ η ποίησίς μου.

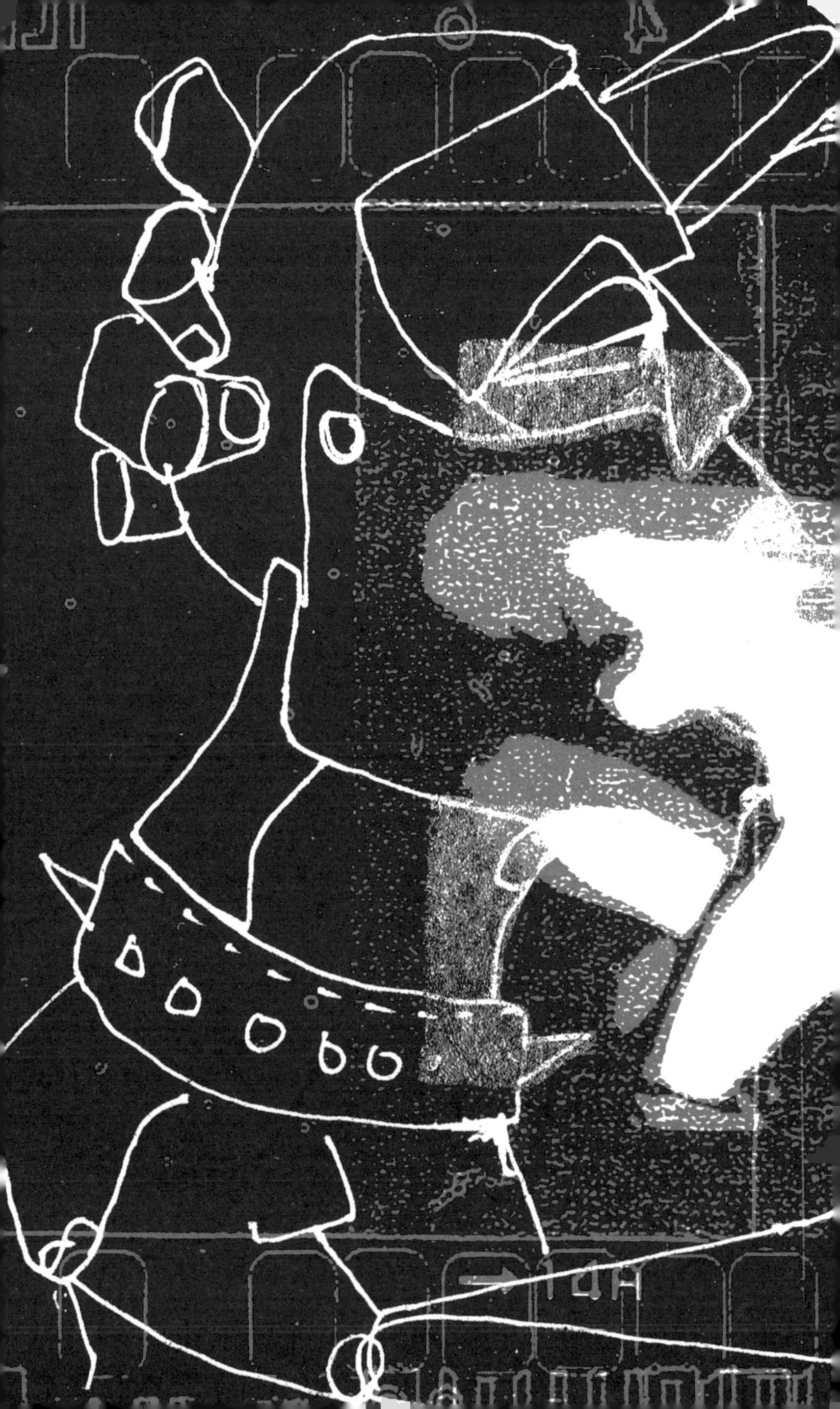

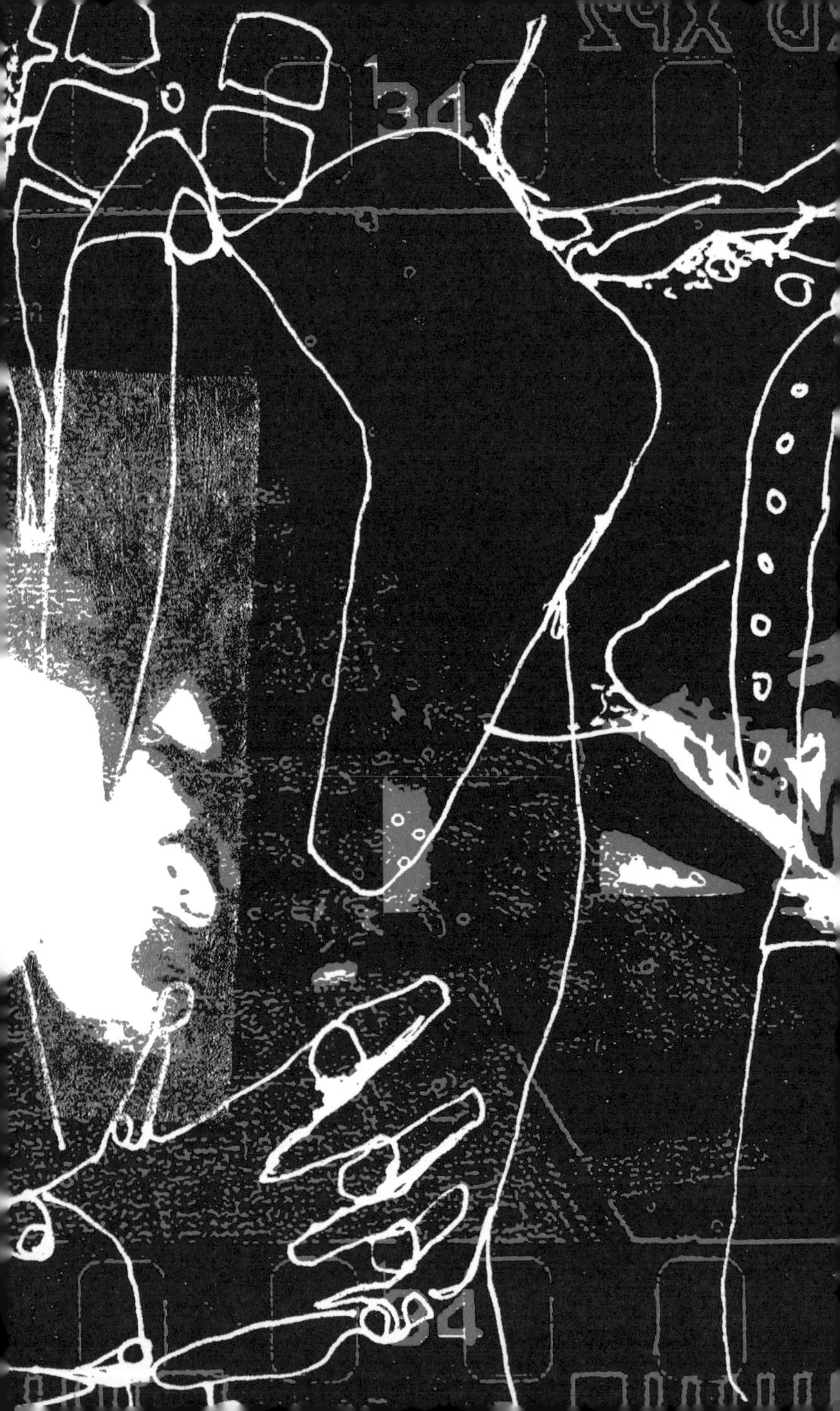

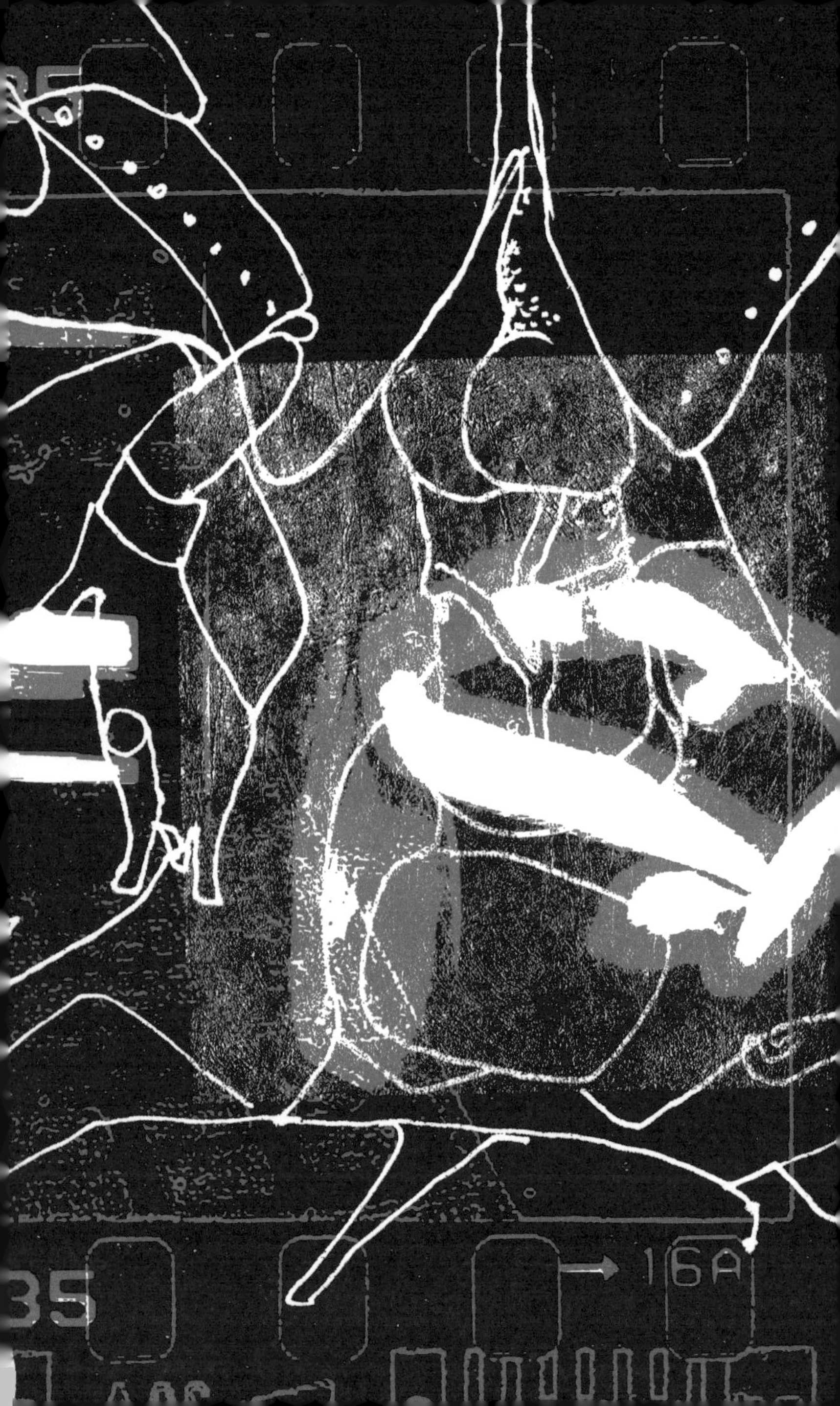

35
16A
35

HERZEPOS

Alles von dir, glaube ich, lächelt mich einladend an
der Spiegel deiner Augen wirft Freude zurück.
Halte mein Licht, und ich sagte dir nicht die Hälfte von dem
was mein liebendes Herz birgt
was aus meinem Mund weht nach nur einem Blick von dir.
Sprich nicht, wenn du nicht willst,
mache mir keine Komplimente voll Liebe und Leidenschaft.
Es reicht, dass du mir nur nah bist
dass ich dir sagen kann, dass ich dich begehre
dass ich dich berühren kann
dass ich die frische Morgenluft atme, die du atmest;
und wenn du das alles auch übertrieben findest
dass ich dich nur sehe!

ΕΠΟΣ ΚΑΡΔΙΑΣ // Μετά σου το παν, νομίζω, προσηνές με μειδιά, / στον καθρέπτη των ματιών σου την χαράν αντανακλά. / Στάσου, φως μου, και ακόμη δεν σε είπα τα μισά / απ' εκείνα που πιέζουν την ερώσαν μου καρδιά / και στα χείλη μου ορμούνε με μια μόνη σου ματιά. / Μη με ομιλής αν θέλης, μη με πης γοητευτικά / λόγια αγάπης και λατρείας. Φθάνει να 'σαι εδώ κοντά, / να σε λέγω πως σε θέλω, να σ' εγγίζω, την δροσιά / του πρωιού που αναπνέεις ν' αναπνέω· κι αν και αυτά / υπερβολικά τα βρίσκης, να σε βλέπω μοναχά!

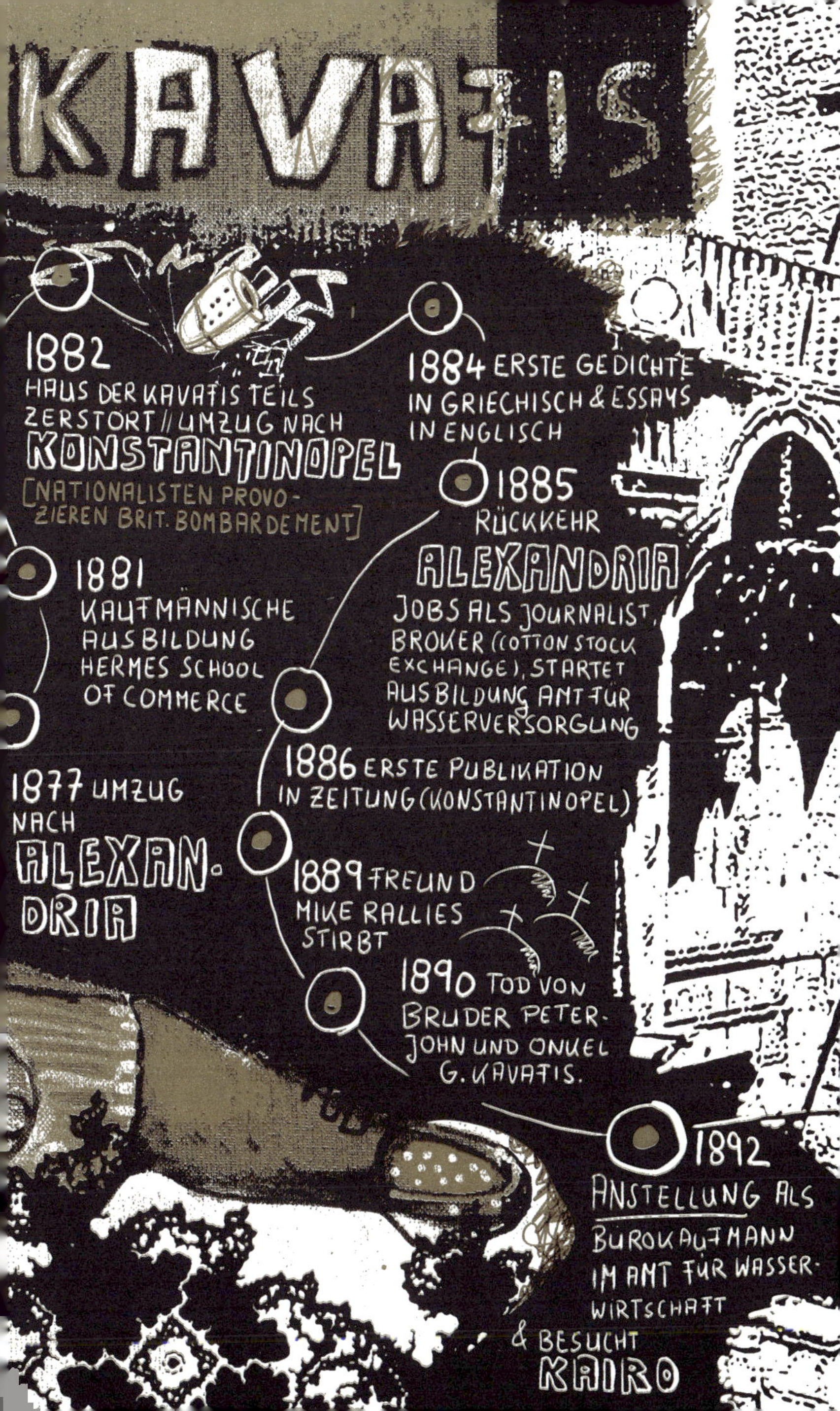
KAVAFIS
1882
HAUS DER KAVAFIS TEILS ZERSTÖRT // UMZUG NACH
KONSTANTINOPEL
[NATIONALISTEN PROVOZIEREN BRIT. BOMBARDEMENT]
1884 ERSTE GEDICHTE IN GRIECHISCH & ESSAYS IN ENGLISCH
1885
RÜCKKEHR
ALEXANDRIA
JOBS ALS JOURNALIST, BROKER (COTTON STOCK EXCHANGE), STARTET AUSBILDUNG AMT FÜR WASSERVERSORGUNG
1881
KAUFMÄNNISCHE AUSBILDUNG HERMES SCHOOL OF COMMERCE
1886 ERSTE PUBLIKATION IN ZEITUNG (KONSTANTINOPEL)
1877 UMZUG NACH
ALEXANDRIA
1889 FREUND MIKE RALLIES STIRBT
1890 TOD VON BRUDER PETER-JOHN UND ONKEL G. KAVAFIS.
1892
ANSTELLUNG ALS BÜROKAUFMANN IM AMT FÜR WASSERWIRTSCHAFT
& BESUCHT
KAIRO

1905 REISE NACH ATHEN
BRUDER ALEXANDROS STIRBT (TYPHUS)

1904 ZIEHT MIT BRUDER PAUL ZUSAMMEN

1903 REISE NACH ATHEN

Alexandria, 5 p.m., 5 August
Sunday
Nothing of note happened yesterday
afternoon on board the "Bohemia". The
weather was good. Lunch, tea, dinner –
were very good. I read a lot – Edm
all – I went to bed at 10 p.m. This
morning at daybreak we reached Alexa
I was back home at 6.30 am..

1902 TOD BRUDER ARISTIDES

1901 REISE NACH ATHEN MIT BRUDER ALEXANDROS. DETAILLIERTES TAGEBUCH. LERNT GRIECHISCHE INTELLEKTUELLE KENNEN. [QUANTENTHEORIE]

1900 REISE NACH KAIRO
TOD BRUDER GEORGE

1899 TOD DER MUTTER

1898 [ANGLO-ÄGYPTISCHE ARMEE BESETZT SUDAN]

1897 SCHREIBT IM TAGEBUCH VON VERZWEIFELTEN, ABER VERGEBLICHEN VERSUCHEN VON SEINER EROTISCHEN PASSION WEGZUKOMMEN
REISE MIT BRUDER JOHN NACH LONDON & PARIS
[ENDE GRIECH.-TÜRKISCHER KRIEG - DESASTER FÜR GRIECHENLAND]

1896 MITARBEIT AN ZEITUNG „PHARE D'ALEXANDRIE"
[ERSTE OLYMPISCHE SPIELE ATHEN]

2
G ALS
ANN
ASSER-

1909 FÄNGT AN, SEINE „GENEALOGIE" ZU SCHREIBEN
1912 UNTERZEICHNET 5-JAHRESVERTRAG AMT FÜR WASSERWIRTSCHAFT
[ERSTER BALKAN-KRIEG/GRIECH. ARMEE BESETZT SALONIKA/ UNTERGANG DER TITANIC]
1903
[ERMORDUNG KÖNIG GEORGE (GRIECHENLAND) / ZWEITER BALKAN KRIEG]

I HAVE BEEN
LIBERATED
FROM THIS
THING!
1919 FORSTER SCHREIBT ARTIKEL ÜBER KAVAFIS IM MAGAZIN „THE ATHENAEUM" (LONDON)
[GRIECH. ARMEE BESETZT SMYRNA]
1918 [ENDE ERSTER WELTKRIEG]
1920 TOD BRUDER PAUL
[VÖLKERBUND GEN
1922 KAVAFIS KÜNDIGT!!!*
[GRIECHEN VERLIEREN KRIEG GEGEN TÜRKEI => AUSWEISUNG VON 1,5 MIO. GRIECHEN AUS KLEIN-ASIEN]
1917 VERLÄNGERUNG VERTRAG WASSERWERK UM FÜNF WEITERE JAHRE
1914 K. LERNT E.M FORSTER KENNEN, DER SEINE WERKE IN ENGLAND PUBLIK MACHT.
[ERSTER WELTKRIEG: VIELE EUROPÄISCHE INTELLEKTUELLE FLIEHEN NACH ÄGYPTEN]
πολύ καλά Konstan
I ♡ YOUR LYRICS

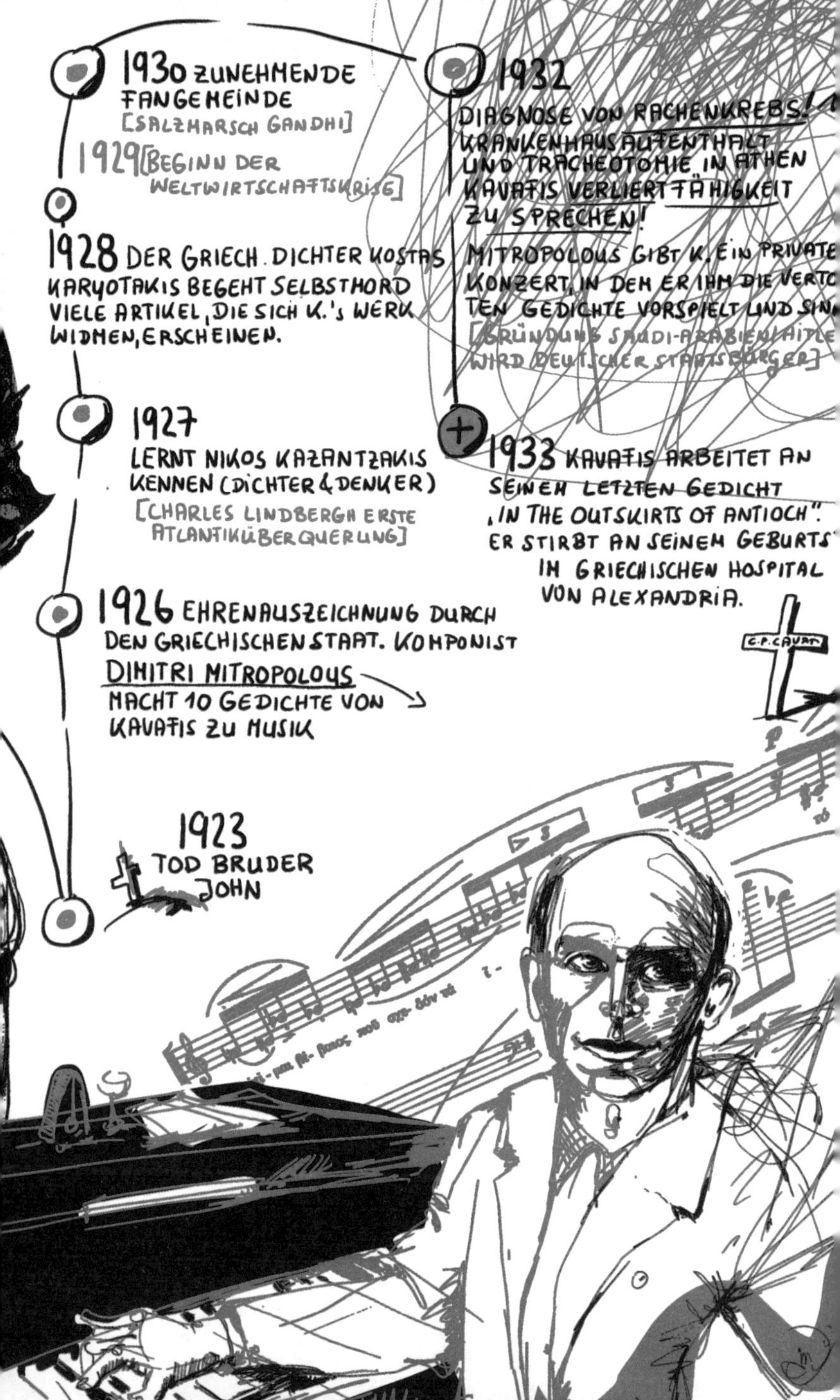
1930 ZUNEHMENDE FANGEMEINDE
[SALZMARSCH GANDHI]
1929 [BEGINN DER WELTWIRTSCHAFTSKRISE]
1928 DER GRIECH. DICHTER KOSTAS KARYOTAKIS BEGEHT SELBSTMORD
VIELE ARTIKEL, DIE SICH K.'S WERK WIDMEN, ERSCHEINEN.
1927
LERNT NIKOS KAZANTZAKIS KENNEN (DICHTER & DENKER)
[CHARLES LINDBERGH ERSTE ATLANTIKÜBERQUERUNG]
1926 EHRENAUSZEICHNUNG DURCH DEN GRIECHISCHEN STAAT. KOMPONIST DIMITRI MITROPOLOUS MACHT 10 GEDICHTE VON KAVAFIS ZU MUSIK
1923
TOD BRUDER JOHN
1932
DIAGNOSE VON RACHENKREBS!
KRANKENHAUSAUFENTHALT UND TRACHEOTOMIE IN ATHEN
KAVAFIS VERLIERT FÄHIGKEIT ZU SPRECHEN!
MITROPOLOUS GIBT K. EIN PRIVATE
KONZERT, IN DEM ER IHM DIE VERTO
TEN GEDICHTE VORSPIELT UND SIN
[GRÜNDUNG SAUDI-ARABIEN | HITLE
WIRD DEUTSCHER STAATSBÜRGER]
1933 KAVAFIS ARBEITET AN SEINEM LETZTEN GEDICHT „IN THE OUTSKIRTS OF ANTIOCH".
ER STIRBT AN SEINEM GEBURTS
IM GRIECHISCHEN HOSPITAL VON ALEXANDRIA.
C.P. CAVAF

145

POETISIERT EUCH.

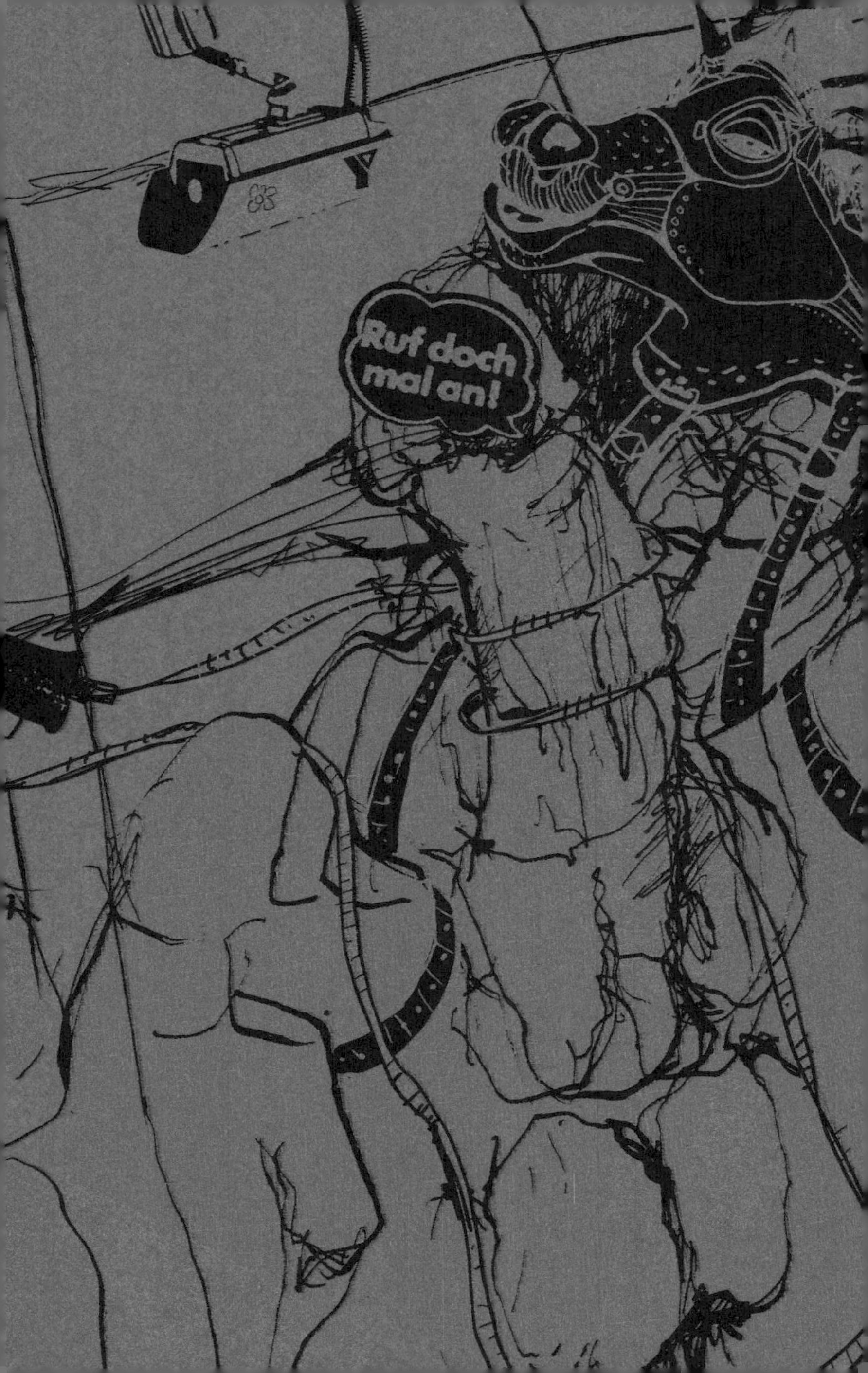
Ruf doch mal an!

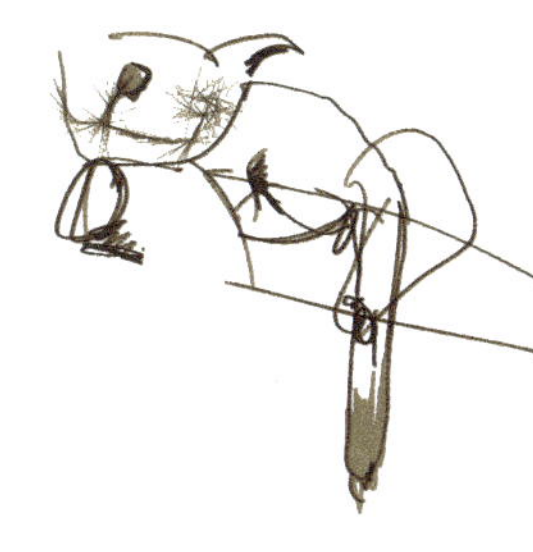

HAUS MIT GARTEN

Ich möchte ein Landhaus besitzen
mit einem sehr großen Garten
nicht unbedingt wegen der Blumen
der Bäume und wegen des Grüns
(dass es die gibt; natürlich, ist auch sehr schön)
aber ich will es, um Tiere zu halten.

Ja, um Tiere zu halten! Mindestens sieben Katzen —
zwei davon ganz schwarz, und zwei so weiß wie Schnee, um des
Gegensatzes willen.
Einen mächtigen Papagei, ihn Dinge sagen zu hören
mit Betonung und äußerst überzeugend.
Was Hunde betrifft, drei würden genügen, glaube ich.
Ich möchte auch drei Pferde (gut sind die Pferdchen).
Und unbedingt drei oder vier von jenen sagenhaft
sympathischen Tieren, den Eseln,
die träge da lägen, und froh, ihre riesigen Köpfe wiegten.

ΣΠΙΤΙ ΜΕ ΚΗΠΟΝ // Ήθελα να 'χω ένα σπίτι εξοχικό / μ' έναν πολύ μεγάλο κήπο— όχι τόσο / για τα λουλούδια, για τα δένδρα, και τες πρασινάδες / (βέβαια να βρίσκονται κι αυτά· είν' ευμορφότατα) / αλλά για να 'χω ζώα. Α να 'χω ζώα! / Τουλάχιστον επτά γάτες— οι δυο κατάμαυρες, / και δυο σαν χιόνι κάτασπρες, για την αντίθεσι. / Έναν σπουδαίο παπαγάλο, να τον αγρικώ / να λέγει πράγματα μ' έμφασι και πεποίθησιν. / Από σκυλιά, πιστεύω τρία θα μ' έφθαναν. / Θα 'θελα και δυο άλογα (καλά είναι τ' αλογάκια). / Κι εξ άπαντος τρία, τέσσαρα απ' τ' αξιόλογα, / τα συμπαθητικά εκείνα ζώα, τα γαϊδούρια, / να κάθονται οκνά, να χαίροντ' οι κεφάλες των.

Post coitum omne anima
sive gallus e
ÖRÖMMEL
NAGYON
JÓ VOLT

riste est,
ulier.
PUP!

_ NACHWORT

_ LEBEN & ZEITGESCHICHTE

DER DISKRETESTE UNTER DEN RIESEN.

NACHWORT _ *Ricardo Domeneck*
AUS DEM ENGLISCHEN _ *Johannes CS Frank*

Denkt man daran, welchen Ruf Konstantinos Kaváfis als Dichter genießt, erscheint es erstaunlich, dass er so wenig zu seinen Lebzeiten veröffentlicht hat – Gedichte, unter Freunden verteilt. Gleichzeitig haben wir ihm eines der dichtesten Gesamtwerke des vergangenen Jahrhunderts zu verdanken. Und dennoch kann Kaváfis als der wichtigste und einflussreichste griechische Dichter der Moderne betrachtet werden – wichtiger noch als die griechischen Nobelpreisträger Giorgos Seferis (1900–1971) und Odysseas Elytis (1911–1996).

Kaváfis' Fall ist natürlich nicht einzigartig in dieser Hinsicht: Emily Dickinson (1830–1886) veröffentlichte zu ihren Lebzeiten beinahe gar nichts, und wurde dennoch eine der wichtigsten Dichterinnen des 19. Jahrhunderts – und in den Augen zeitgenössischer Kritiker_innen eine Wegbereiterin unserer Moderne. Ähnlich ist es im Falle eines jüngeren Zeitgenossen Kaváfis', mit dem er im portugiesischsprachigen Raum oft vergleichen wird: Fernando Pessoa (1888–1935). Pessoa – ein ähnlicher „diskreter Riese" wie Kaváfis – schrieb in Lissabon, außerhalb des mediterranen Kosmos, an der Küste des Atlantik – einer Stadt deren mythologische Gründung niemand geringerem als Odysseus, dem Größten der Griechen, zugeschrieben wird.

Zusätzlich ist zu berücksichtigen, dass Kaváfis nicht in Griechenland – weder im heutigen noch im damaligen – geboren wurde, sondern im ägyptischen Alexandria. Seine Geschichte ist weithin bekannt: Sein Vater, der im Import- und Exportgeschäft tätig war, ließ sich Mitte des 19. Jahrhunderts mit seiner Familie in Alexandria nieder. Es sollte aber nicht lange dauern, bis diese Stadt – seit ihrer Gründung ein Schmelztiegel verschiedener Kulturen und ethnischer Gruppen, zeitweilig durch die griechische Sprache vereint – auch den letzten Schimmer seines einstigen Glanzes verlieren sollte: Mit dem Bau des Sueskanals wanderte ein Großteil des Handels nach Port Said ab. Dem Kanalbau ist es aber auch zu verdanken, dass ein weiterer großer Dichter in Alexandria geboren wurde: Giuseppe Ungaretti (1888–1970), dessen Vater am Bau des Sueskanals beteiligt war.

1

Als ich eingeladen wurde, dieses Nachwort zu Kaváfis' *Hidden Poems* zu schreiben, war es meine erste Reaktion, darauf zu verweisen, dass ich die Originale nicht lesen könne und ich Jan Kuhlbrodts und Jorgos Kartakis' Übersetzungen *per se* nicht mit dem Respekt behandeln könnte, wie sie es verdienten. Von Jan Kuhlbrodt selbst wurde ich hierauf daran erinnert, dass Kaváfis Rang, sein Einfluss auf Dichter_innen außerhalb der hellenischen Welt, vornehmlich auf Übersetzungen gründet. Und dies ist tatsächlich ein weiterer interessanter Aspekt Kaváfis' Karriere: Anders als solche Dichter, die den historischen Vorteil genossen, in den Sprachraum großer Imperien hineingeboren zu sein – Yeats, Pound, Eliot, oder auch die frankophonen Rimbaud, Laforge und Apollinaire –, die im In- und Ausland in ihrer Sprache gelesen werden konnten, wurde Kaváfis am Außenrand des Kontinents geboren, der so sehr durch seine, Kaváfis, Sprache geprägt worden ist. Auch wenn griechische Literatur einen hervorragenden Ruf in literarischen Kreisen genießt – modernes Griechisch war und ist beileibe keine weitverbreitete Erst- oder gar Zweitsprache außerhalb des griechischen Sprachraums.

Also musste es durch Übersetzung sein, dass Kaváfis einem internationalen Publikum bekannt wurde. Iannis Kaváfis, Konstantinos' Bruder, war bereits seit den letzten Jahren des 19. Jahrhunderts mit Übersetzungen des Dichters befasst, aber es sollte E.M. Forster sein, der Kaváfis Gedichte erstmalig in englischer Sprache vorlegte, nachdem die beiden Dichter sich 1918 begegnet waren. Forster, ebenfalls homosexuell und von Kavafis Diktion und Gelehrsamkeit fasziniert, setzte sich für eine weitere Übersetzung von Kaváfis Gedichten durch John Mavrogordato ein und würde sein 1922 erschienenes Werk *Alexandria: A History and a Guide* seinem Freund Kaváfis widmen. 1923 erschien ein Essay zu Kaváfis Werk: *The Poetry of C.P. Cavafy* in Forsters Essaysammlung *Pharos and Pharillon.* Der „Mythos im Entstehen", wie Seferis Kaváfis nannte, sollte einen weiteren Schub im Bewusstsein des anglophonen Sprachraumes mit Lawrence Durrells *The Alexandria Quartett* erfahren, in welchem Kavafis' Gedichte eine bedeutende Rolle spielen. Im Französischen sollte es ebenfalls ein Romancier sein, der Kavafis in den nördlicheren Gefilden Europas bekannt machen würde: Marguerite Yourcenar übertrug eine Auswahl seiner Gedichte zu Prosagedichten im Jahre 1958. In Deutschland erschien Kavafis erstmalig 1953 in einer Übersetzung Helmut von den Steinens, in der Sammlung *Gedichte,* die im Suhrkamp Verlag erschien.

W.H. Auden schrieb in seiner Einleitung zu Rae Dalvens Sammlung von Kaváfis' Gedichten *Canon and Unpublished Poems* (1961): „Seitdem ich das erste Mal vor über 30 Jahren Kaváfis Lyrik auf Empfehlung des verstorbenen R.M. Dawkins gelesen habe, hat Konstantinos Kaváfis einen großen Einfluss auf mein eigenes Schreiben ausgeübt. Es gibt Gedichte, die ich entweder ganz anders oder vermutlich sogar nie geschrieben hätte, wäre ich nicht Kaváfis ' Gedichten begegnet. Allerdings verstehe ich kein einziges Wort Neu-Griechisch, so dass mein einziger Zugang zu seinen Werken durch englische und französische Übersetzungen ermöglicht wurde".

Auden erwähnt in dieser Einleitung auch Kaváfis Gebrauch des jambischen Metrums, seine Collage aus *reinem* und demotischem Griechisch sowie seine nüchterne Zeichnung von Tatsachen, die nie auf Vergleiche oder Metaphern zurückgreift – auf „Ornamente", wie sie Auden in seinem Beitrag nennt. Auden sieht die Einzigartigkeit von Kaváfis vor allem in seinem „Ton": Unabhängig des Übersetzers oder der Zielsprache, könne man stets anhand dieses einzigartigen Tones und seines Diktums ein Gedicht Kaváfis' als solches erkennen.

Joseph Brodsky, ein Verehrer sowohl Kaváfis' als auch Audens Gedichte, geht in seinem Essay *Pendulums Song* so weit zu konstatieren, dass Kaváfis Gedichte niemals verlustfrei übersetzt werden können; gleichzeitig aber Kaváfis Gedichte durch Übersetzung stets gewinnen. Brodsky beschreibt – ganz wie Auden –, wie Kaváfis Gedichte frei seien von „allem poetischen Zubehör – Vergleichen, metrischer Extravaganz und Reimen. Dies ist die Ökonomie der Reife", schreibt Brodsky, „und Kaváfis bedient sich mit voller Absicht ‚bescheidener' Mittel, verwendet Worte in ihrer primären Bedeutung im Dienste dieser Ökonomie".

Auch mit dieser Beschreibung Brodskys im Sinn, verwundert Kaváfis' Aufnahme in den westlichen Kanon der Moderne, da er sein Werk zu einer Zeit verfasste, in der radikale literarische Künstlichkeit sowie Experimentelles dominierten – etwa in den Werken von César Vallejo, Guillaume Apollinaire und Ezra Pound, Georg Trakl und Oswald de Andrade. Dichter, die sich zu dieser Zeit einem direkten, einfachen Stil verschrieben hatten – Antonio Machado in Spanien, Umberto Saba in Italien oder William Carlos Williams in den USA –, blieben vergleichsweise obskur bis zur Nachkriegs-Ära, in der die Werte des Kanons sich verschoben.

Aber Kaváfis Loyalität gegenüber der Einfachheit seiner Sprache ist ein wichtiger Faktor in seiner internationalen Rezeption, da seine Historizität uns erreicht, nachdem sie Schicht um Schicht eine literarische Mythologisierung ihrer Gegenstände abgetragen hat. Auch wenn Edmund Keeley überzeugende Argumente dafür findet, dass Kaváfis in seinen Gedichten das Bild eines mythischen Alexandrias zeichnet, muss festgestellt werden, dass die Straßen und Gerüche, die Reden und das Gebaren seiner Einwohner, die Kaváfis in seinen Gedichten thematisiert, tatsächlich so waren – historisch richtig sind. Und selbst wenn er Bezüge zur klassischen Antike herstellt: Es ist die Vergangenheit seines Volkes und seiner Sprache, insofern nicht Teil einer künstlichen Mythologisierung der Antike. Kaváfis selbst beschrieb seine Gedichte als Arbeiten eines „historischen Dichters" oder gar eines Dichter-Historikers. Brodsky nennt ihn einen „didaktischen Dichter".

Gewiss nehmen europäische Dichter die klassische Antike immer wieder zum Gegenstand ihres Schreibens – sogar so weit, dass sie die Techniken und den Duktus dieser Zeit versuchen nachzuahmen. Es gibt aber auch Verwendungen, die sich der Mythologisierung sperren: Der große polnische Dichter Zbigniew Herbert (1924–1998) nutzte so Verweise auf historische Gegebenheiten dazu, über die Herausforderungen Polens zu schreiben und dabei aber die sowjetische Zensur zu umgehen. Auch Heiner Müller verwendet die Geschichte, um über seine eigene Zeit zu schreiben, wie in seinem Gedicht *Klage des Geschichtsschreibers,* das sich auf das Alte Rom bezieht.

Aber in diesen Fällen hat Geschichte immer einen literarisierten Geschmack, und die klassische Griechische Antike nimmt hierin mythologische Konturen an. Aber wenn Kaváfis Gedichte wie *Gott verlässt Antonius, Myris: Alexandria, 340 n. Chr.* oder *Komm, oh König der Sparter,* schreibt, so schreibt er über die Geschichte und das Schicksal seines Volkes, über seine Sprache, sein *Magna Graecia.*

Die Auswirkung solcher ästhetischer Entscheidungen bei Kaváfis ist durchaus bewegend: Kaváfis mythologisiert nicht die Gegenwart, sondern humanisiert die Vergangenheit.

2

Und trotzdem ist es unvorstellbar, eine Zeile wie Seferis' „Wohin ich auch reise, Griechenland verletzt mich" in Kaváfis Gedichten zu finden. Seferis schrieb über die Griechische Republik seiner Zeit, Kaváfis' Griechenland war aber schon lange verloren, und lebte nur in seiner Sprache und seiner Kenntnis der Geschichte weiter. Griechenland mag Kaváfis tatsächlich in seiner Heimatstadt verletzt haben, aber wenn er Forster sagt, dass die Griechen ihre Hauptstadt verloren haben, dann meint er damit Konstantinopel und nicht Athen. In seiner Sicht auf die Welt nahm Alexandria immer die Rolle des Zentrums einer Panhellenischen Welt ein. Und dennoch betont Keeley beispielsweise, dass weder nationalistisches noch politisches Pathos in den Gedichten Kaváfis vorkommen. Und selbst solche Gedichte, die die Vergangenheit in glorreichem Licht erscheinen lassen könnten, sind immer dort verortet, wo das Glorreiche zuletzt zerstört werden wird – wie etwa in seinem Gedicht *Im Jahre 200 v. Chr.*

Weder kann man Kaváfis' Gedichten Nostalgie für vergangene goldene Zeiten, noch die Sehnsucht nach einer zukünftigen *Parousia* finden. Selbst wenn Kaváfis seine Gedichte in den ältesten historischen Kontext hineinstellt, verlässt er nie die Gegenwart, sichtbar auch an seiner konsequenten Nutzung des Präsens. Mit einem ironischen Gespür ausgestattet, wusste Kaváfis stets, dass das Schicksal von Nationen wie Individuen immer das des Niedergangs und der Zerstörung ist. Das ist, denke ich, der Grund, warum uns seine Verwendung der Verben im Präsens oft mit einem Nachgeschmack eines gewissen Stoizismus hinterlassen.

Dies ist auch der Grund, warum sich keine klare politische Agenda in seinen Gedichten finden lässt. Seine Gedichte über *Magna Graecia* und seine Sprache haben nichts mit der *Megali Idea* der griechischen Nationalisten des 19. Jahrhunderts gemein: Kaváfis beschwört nicht etwa Expansion und Eroberung in seinen Gedichten – er beschreibt vielmehr das Unausweichliche – Verfall und Untergang. Seine Sehnsucht hat eine didaktische Qualität, um Brodskys Begriff zu benutzen: Kaváfis begegnet denen, die diesem Schicksal mit Würde entgegentreten, mit Respekt und Bewunderung. Es kann vermutet werden, dass Kaváfis einstweilig stoische Einstellung gegenüber diesem Verfall und Untergang ein Zeichen seines Wunsches ist, dem Ausgeliefertsein jedes Individuums und aller Staaten gegenüber den Göttern mit einer gewissen Demut zu begegnen. In diesem Sinne findet man eine Parallele zwischen der Herrlichkeit der Jugend der Jungen, die er verehrte, mit der kurzlebigen Herrlichkeit einer panhellenischen Welt, die er bewunderte. Geschichte, als das Leben von Nationen, widerfährt insofern dasselbe Schicksal wie wir, in den Händen von Eros, bevor wir Thanatos umarmen.

3

Die vermeintliche Abwesenheit von Politischem in Kaváfis Schreiben müssen wir allerdings noch einmal näher betrachten. Kaváfis lebte zu einer äußerst turbulenten Zeit, in der die Moderne – durch die industrielle Revolution – nicht nur die Weise des Lebens veränderte, sondern auch die Weise des Sterbens. Kaváfis wurde nicht lange nach der Wiedererrichtung Alexandrias durch den Osmanischen Wali der osmanischen Provinz Ägypten, Muhammad Ali Pascha, geboren. Der Wiederaufbau Alexandrias stellte den Versuch dar, der Stadt nach zahllosen Besatzungen, Bränden, Kriegen und sogar einem Tsunami zu früherem Glanz zu verhelfen. Der Sueskanal sollte, wie bereits erwähnt, allerdings dafür sorgen, dass Alexandria Peripherie bleiben würde.

Kaváfis war auf dem Höhepunkt seines Schaffens, als Könige und Generäle mit ihrer militaristischen Einstellung ihre Jugend zum Kämpfen in den Ersten Weltkrieg schickten. Und während wir in Kontinental-Europa dazu neigen, die katastrophalen Auswirkungen des Ersten Weltkrieges auf uns beschränkt zu sehen, waren die Konsequenzen für Griechenland und das Osmanische Reich nicht minder schwerwiegend. Der Krieg beendete nicht nur das Habsburger Reich, sondern auch das Osmanische. Der griechische König haderte zunächst, wem er sich anschließen solle, aber als das Osmanische Reich eine Allianz mit den Mittelmächten einging, sah er eine Chance, durch eine Allianz mit der Entente Gebiete zurückzugewinnen, die zuvor an das Osmanische Reich verlorengegangen waren. Die Sehnsucht der griechischen Nationalisten, Smirna und Konstantinopel wiederzugewinnen, wurden nie erfüllt, und nach dem Ende des Ersten Weltkrieges stürzten Griechenland und die Türkei in den Griechisch-Türkischen Krieg von 1919–1922.

Diese Ereignisse werden nicht direkt in Kaváfis Schreiben thematisiert, und es kann vermutet werden, dass dies der Fall ist, weil Kaváfis sich bewusst war, dass Alexandria selbst das Ergebnis von Eroberung und Unterwerfung gewesen ist. Und der Schauplatz für Gräueltaten. Dies bedeutet nicht, dass er der Katastrophe des Ersten Weltkrieges mit Gleichmut begegnete. Sein Werk kann dadurch, dass Kaváfis uns stets an den Zerfall und die Zerstörung vergangener Katastrophen erinnert, als ein elegantes und subtiles Aufbegehren gegen das Begehren nach Expansion und Größe gedeutet werden. Dieses Wissen um ein wiederkehrendes Muster des Aufstiegs und Zerfalls durch die Geschichte hindurch, ließ Kaváfis befürchten, in der Rückschau als bloßer Wüstenprophet bewertet zu werden.

Oder als eine Art stoische Cassandra. Dies kommt besonders in seinem Gedicht *Ewigkeit* zum Ausdruck:

EWIGKEIT

Der Inder Arjuna, ein menschenfreundlicher und sanfter König,
verabscheute Massaker. Nie führte er einen Krieg.
Ohne Krieg aber bekam der allmächtige Gott schlechte Laune –
(sein Ruhm verblasste, seine Tempel leerten sich) –
und er trat voll Zorn ein in den Palast von Arjuna.
Der König erschrak und sprach: „Großer Gott,
verzeihe mir, dass ich keinem Menschen das Leben nehmen kann.
Voller Verachtung antwortete der Gott: „Hältst du dich
für gerechter als mich? Durch Worte lass dich nicht täuschen.
Kein Leben wird genommen. Du sollst wissen,
dass man weder geboren wird irgendwann, noch jemals stirbt".

4

Ich entdeckte Kaváfis zum ersten Mal mit zwanzig Jahren. Es war 1998, und schon ein paar Jahre vor dem nächsten Millenium hatten die Zeitungen mit ihrem Listen-Wahn begonnen: Die wichtigsten Filme des Jahrhunderts, die wichtigsten Romane, die wichtigsten Gedichte. Eine brasilianische Publikation hatte Literaturkritiker und Dichter dazu eingeladen, ihre jeweils 10 wichtigsten Gedichte ausländischer Dichter_innen zu benennen. Auch wenn Eliots *The Waste Land* den Spitzenplatz der meisten Listen belegte, fand man Kavafis Gedicht *Warten auf die Barbaren* zumindest auf einigen wenigen dieser Listen. Es ist verständlich, warum dieses Gedicht, neben *Ithaka* zu seinen berühmtesten Gedichten zählt. Mit seinem Parabel-Ton, seiner subtilen Verwendung von geographischen oder zeitlichen Zeichen, vereint es in sich alles, was wir von Kaváfis als weisem Dichter erwarten.

Erst in Deutschland sollte ich Michael Schroeders Übersetzungen von Kaváfis Liebesgedichten kennenlernen. Seine Sammlung, *Um zu bleiben,* illustriert von einem weiteren profilierten Homosexuellen, nämlich David Hockney, ließen mich Kaváfis ganz neu betrachten. Die Offenheit und Freimütigkeit in der Behandlung dieses Gegenstandes sind besonders erstaunlich, wenn man die Zeit bedenkt, zu der diese Gedichte geschrieben wurden. Verglichen mit anderen homosexuellen Dichtern des 20. Jahrhunderts nimmt Kaváfis nicht etwa die verbreitete Haltung gegenüber Griechenland als mythologischer Sehnsuchtsort der vermeintlich freien Liebe zwischen Männern ein. Kaváfis Beziehungen zu den Jungen in seinen

Gedichten ist nicht die eines Erástes zu Erómenos – allein schon deshalb, weil im historischen wie sozialen Kontext des Dichters eine solche Liebe nicht mehr vorkam. Die Begegnungen, die bei Kaváfis beschrieben werden, sind stets kurzlebig, und sie sind viel eher Begegnungen des Fleisches als spirituelle Begegnungen. So weit bekannt ist, hatte Kaváfis nie eine langlebige Beziehung mit einem dieser Jugendlichen, und seine Gedichte sind stets das Feiern eines Individuums in einer Menge. Es gibt keine zentrale Figur in seinen Liebesgedichten, wie sie bei Houssmanns Gedichten für Moses Jackson beispielsweise zu finden sind, oder in Pasolinis Gedichten für Vinetto Davoli oder Frank O'Haras vielfache Gedichte für Vincent Warren. Kaváfis Begegnungen sind immer kurzlebig, körperlich und anonym. Nie erfährt man aus seinen Gedichten etwas über das Leben seiner Liebhaber.

EINE HALBE STUNDE

Weder habe ich dich gewonnen, denke ich
noch werde ich dich je gewinnen.
Nur ein paar Worte waren es die Nähe vorgestern Abend in der Bar
nichts anderes.
Es ist ein Jammer. Doch wir Künstler
schaffen uns manchmal durch die Mühen des Verstandes
— und natürlich für Momente nur — eine Befriedigung
die uns beinahe schon echt vorkommt.
So wie in der Bar vorgestern — auch mit Hilfe
des nebelnden Alkohols —
hatte ich die perfekte halbe Stunde.
Und du hast das verstanden, scheint mir du bist deshalb auch länger
geblieben.
Nach dir war da eine große Not. Trotz meiner Fantasie und ihres
Helfers Alkohols
musste ich doch in deine Augen sehen, musste deines Körpers
Witterung aufnehmen.

In einem Eintrag in einem seiner Notizbücher schreibt Kaváfis am 9. November 1902: „Heute Nacht hatte ich die Idee, über meine Liebe zu schreiben. Allerdings werde ich es nicht tun. Wie viele Vorurteile gibt es gegen sie! Ich habe mich von ihnen befreit, aber ich denke an die, die immer noch von Vorurteilen versklavt sind, in deren Hände diese Seiten eines Tages fallen werden. Und ich halte mich zurück. Was für eine Feigheit! Aber ich schreibe einen Buchstaben – T – als ein Symbol für diesen Moment".

In diesem Zusammenhang kann auch das Gedicht gelesen werden, das diese Sammlung seiner versteckten Gedichte eröffnet:

UNSICHTBAR

Mein Handeln wird euch
nichts von mir offenbaren.
Meine Taten verbargen und verwandelten
mein Wesen und die Weise meines Seins.
Verwehrt war mir
zu sagen,
was ich sagen wollte.
Nur in heimlichen Handlungen
in verborgenen Schriften
bin ich als der erkennbar, der ich bin.Wahrscheinlich ist es aber
nicht der Mühe wert
mich darin zu suchen, zu finden.
Später — in einer besseren Welt — vielleicht
wenn ein anderer sich darin findet
wird was ich war verständlich sein und frei.

Kurzlebig sind unsere Freuden, kurzlebig ist unsere Jugend. Kurzlebig ist auch die Herrlichkeit einer Zivilisation. In all seinen Werken mag Kaváfis von antiken Reichen schreiben oder antiken Auffassungen von Jugend – die Schönheit seiner Gedichte liegt aber nicht etwa in der Trauer um diese Herrlichkeit und Jugend, sie liegt im Erstaunen darüber, dass sie überhaupt jemals existiert haben. Aus diesem Grund müssen sie gefeiert werden.

5

„Fünfundzwanzig Gedichte muss ich noch schreiben", stellt Kaváfis in seinen letzten Tagen fest. Edmund Keeley, sein bekanntester Übersetzer ins Englische nimmt an, dass Kaváfis mit dieser Zeile einige Fragmente meint, die er noch bearbeiten wollte, um seinem Gesamtwerk zu einer Einheit zu verhelfen. Ich bin versucht, hier anzunehmen, dass selbst einer von Kaváfis größten Bewunderern eine gewisse *epische* Qualität im Werk Kaváfis vermisst. Aber wenn wir an Ezra Pounds Beschreibung des Epischen als „ein Gedicht, das Geschichte beinhaltet" denken, und an Kaváfis Selbstbeschreibung als Dichter-Historiker, kann man diese epische Qualität selbst in einigen seiner kürzesten Gedichte erkennen. Pound selbst, der sein Leben seinem eigenen Epos, seinen *Cantos,* widmete, sollte kurz vor seinem Tod schreiben: „Ich kann keine Kohärenz in ihnen bewirken".

Die Kohärenz in Kaváfis Werk lässt sich seiner Vision einer Vereinigung von Vergangenheit und Gegenwart ablesen, die in jedem seiner Gedichte nachvollzogen werden kann. Kaváfis war ein Dichter, der wörtlich in den Ruinen der Vergangenheit lebte, die in die Gegenwart hineinragten. Insofern ist auch der Gebrauch des *reinen* Griechisch und des Demotischen Griechischen der Straßen Alexandrias wieder Beweis einer ästhetischen und ethischen Kohärenz. Seine vielen Gedichte können als Scherben betrachtet werden, die uns jeweils eine Sicht auf eine fragmentierte Welt ermöglichen. Und seine Muse mag eine Kreatur ähnlich Benjamins Engel gewesen sein – nicht Rilkes.

6

Diese Sammlung ist eine ganz neue Zusammenstellung der so genannten *Hidden Poems* Kaváfis für den deutschsprachigen Raum. Nicht nur dadurch, dass sie einige bislang nicht übersetzte Gedichte im Deutschen präsentiert, sondern auch dadurch, dass es das gemeinsame Unterfangen eines griechischen und deutschen Dichters ist.

Manche der Gedichte in dieser Sammlung haben eine historische Qualität, aber die Mehrzahl ist dem Eros gewidmet: Knabe oder König, das Gebiet, auf dem Kaváfis sich bewegt, ist das, das wir Erinnerung nennen – auch wenn selbst die Grenzen der Erinnerung sich stets verschieben.

Während die Zeit voranschreitet und Zerfall und Zerstörung Reich nach Reich, berühmtes und anonymes Leben gleichermaßen niederstrecken, wird Kaváfis sichtbarer und sichtbarer. Seine Stimme ist Mahnung und Ermutigung zugleich. Diese Sammlung ist ein wunderbarer Beitrag für das Verständnis dieses diskretesten unter den Riesen.

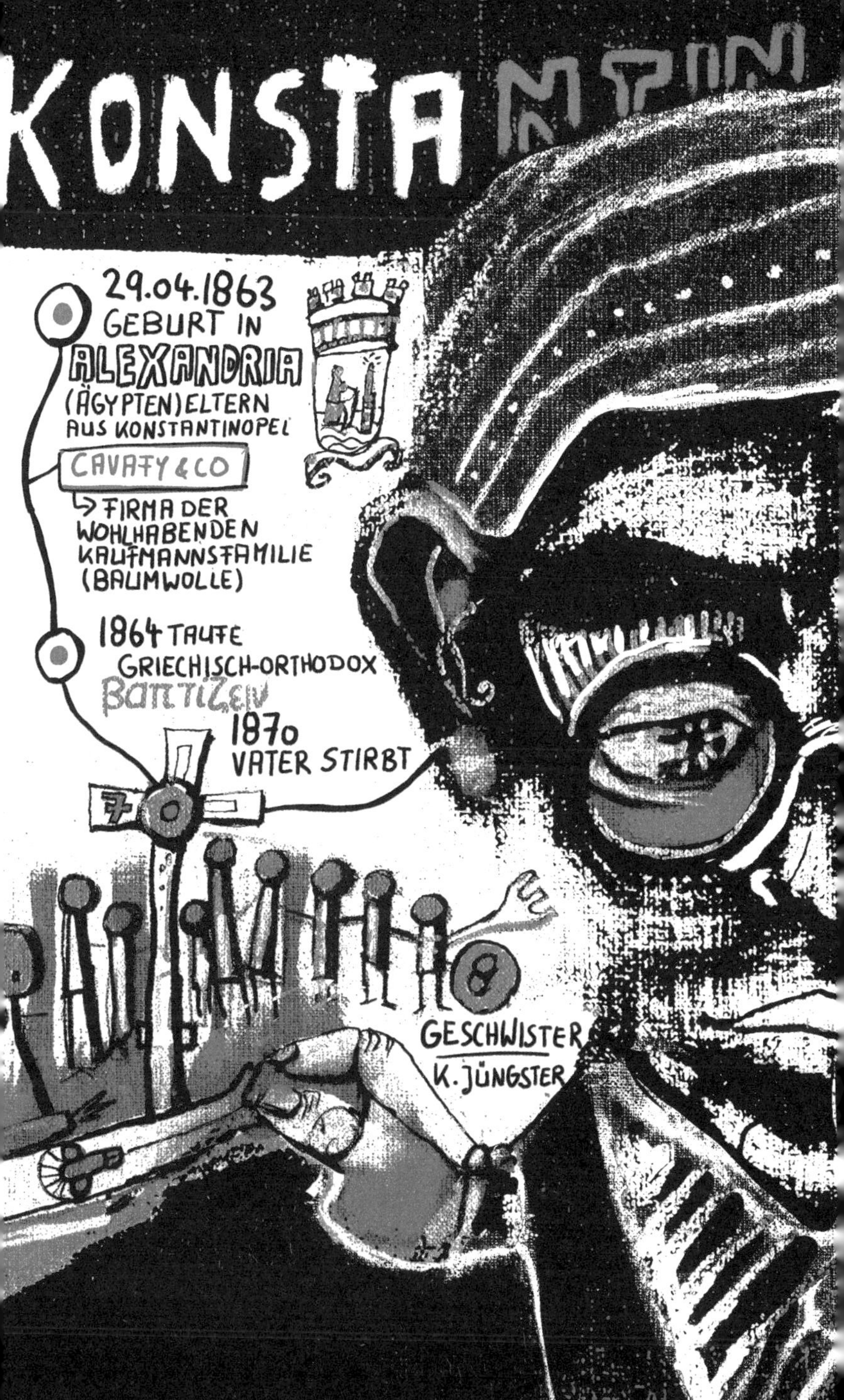
KONSTA
29.04.1863
GEBURT IN
ALEXANDRIA
(ÄGYPTEN) ELTERN
AUS KONSTANTINOPEL
CAVAFY & CO
→ FIRMA DER
WOHLHABENDEN
KAUFMANNSFAMILIE
(BAUMWOLLE)
1864 TAUFE
GRIECHISCH-ORTHODOX
Βαπτιζειν
1870
VATER STIRBT
7
8
GESCHWISTER
K. JÜNGSTER

PÉTROL
1872 FINANZIELLE SCHWIERIGKEITEN UMZUG NACH
LIVERPOOL
(ENGLAND)
1874 UMZUG NACH
LONDON
1876 KONKURS
CAVAFY&CO
[BELL, USA, ERFINDUNG TELEFON]
<= KONSTANTINOS CA 23 JAHRE ALT